Die

öffentlich-rechtliche Regelung

des

Privatversicherungswesens

in Deutschland

unter Berücksichtigung des deutschen
»Entwurfes eines Gesetzes über die privaten Versicherungs-Unternehmungen«

von

Paul Hager,
Doktor der Staatswissenschaften und der Rechte,
Gerichtsassessor in Breslau.

Berlin.
Druck und Verlag von Georg Reimer.
1900.

Inhalt.

		Seite
§ 1.	Überblick über das Versicherungswesen	1
§ 2.	Die volkswirtschaftliche Bedeutung des Versicherungswesens	11
§ 3.	Statistisches über das Versicherungswesen	17
§ 4.	Gegenwärtiger Rechtszustand in Deutschland	20
§ 5.	Ausländische Gesetzgebung	26
§ 6.	Allgemeines über die Aufgaben des Staates gegenüber dem Versicherungswesen	35
§ 7.	Umfang der Staatsaufsicht	50
§ 8.	Wirkungskreis eines Reichsversicherungsgesetzes	55
§ 9.	Konzessionierung und Beaufsichtigung	67
§ 10.	Behandlung ausländischer Versicherungsanstalten	80
§ 11.	Die öffentlichen Abgaben der Versicherungsanstalten	84
§ 12.	Der Entwurf	92

§ 1.

Überblick über das Versicherungswesen.

Die Sachgüter wie das Leben der Menschen sind den mannigfachsten Gefahren sowohl der Vernichtung, wie der Beschädigung ausgesetzt und zwar Gefahren, welche zum grossen Teile unabhängig sind von der Willkür und dem Thun der Menschen. Allerdings können letztere sich teilweise hiergegen schützen. Aber auch die sinnreichsten Vorkehrungen, auch die peinlichste Sorgfalt in der »Meidung«[1]) gefahrdrohender Ereignisse und in der »Unterdrückung«[1]) ausgebrochener Gefahren vermag die Zerstörung oder Verletzung der Sachgüter oder Menschenleben nicht zu verhindern. Hier greift teilweise die Versicherung ein. Freilich kann sie nicht bei allen Zu- und Unfällen Hilfe bringen. Aber immerhin wird durch sie in zahlreichen Fällen eine Verteilung von Schäden auf eine grosse Anzahl von Personen herbeigeführt, welche zwar alle von derselben Gefahr bedroht sind, aber in Wirklichkeit nur in kleiner Anzahl von dieser betroffen werden.

I. Will man das weitverzweigte **Versicherungsgebiet einteilen,** so muss man zunächst ausscheiden die auf Grund der Arbeiterversicherungsgesetze geschaffene Kranken-, Unfall-, Invaliditäts- und Altersversicherung, die auf berggesetzlichen Vorschriften bestehenden Knappschaftskassen, und ähnliche auf reichs- oder landesgesetzlichen Normen gegründete Unterstützungskassen, wie eingeschriebene Hilfskassen, Innungskassen und dergl. Für die

---

[1]) cfr. hierüber: Herrmann, Die Theorie der Versicherung vom wirtschaftlichen Standpunkte, Graz 1869.

genannten Veranstaltungen besteht — im Gegensatz zu dem sonstigen Versicherungswesen — bereits eine feste gesetzliche Regelung; bei ihnen giebt es meist keine Vertragsfreiheit, sie beruhen überwiegend auf Zwang, sie haben mehr oder weniger nur den Namen von Versicherungsanstalten, sind geschaffen aus Fürsorge für die arbeitenden Klassen, tragen daher auch mehr den Charakter einer öffentlichen Unterstützung wie einer wirklichen Versicherung und sind auch endlich nicht aufgebaut auf eigentlich versicherungs-technischen Bestimmungen.

Sieht man, was bei dieser Abhandlung geschehen soll[1]), von diesen sogenannten Versicherungen ab, so kann man die einzelnen Versicherungszweige wie folgt einteilen[2]):

A. Sachversicherung gegen Beschädigung durch elementare Ereignisse oder Handlungen der Menschen. Hierher gehören vor allem:

a) Feuerversicherung (besonders Mobiliar und Immobiliarversicherung),
b) Transportversicherung (besonders Seeversicherung von Schiff und Ladung und Landtransportversicherung auf Flüssen, Landseen, Eisenbahnen und dergl.),
c) Hagelschadenversicherung,
d) Viehversicherung,
e) Gas- und Wasserleitungsversicherung[3]).

B. Vermögenswert-Versicherung gegen Verluste, »welche unabhängig von Zerstörung oder Beschädigung der Substanz einer Sache eintreten«. Hier sind die wichtigsten Gruppen:

a) Hypothekenversicherung, um den Hypothekengläubiger gegen Verluste an Kapital und Zins, besonders bei Zwangsversteigerungen, zu schützen,

---

[1]) Auch der deutsche Entwurf eines Gesetzes über die privaten Versicherungsunternehmungen scheidet diese Versicherungen aus, cfr. daselbst §§ 1 und 114.

[2]) Die folgende Einteilung ist die im allgemeinen übliche und schliesst sich vorwiegend an diejenige Wagners an (in Schoenbergs Handbuch der politischen Ökonomie II. Bd. 2 Halbbd. 4 Aufl. Tübingen 1898. S. 361 ff.).

[3]) Andere hierher gehörige aber weniger oder noch gar nicht entwickelte Versicherungszweige sind: Versicherung gegen Überschwemmung, Sturm, Erdbeben, Bergsturz, gegen die nachteiligen Folgen von militärischen Operationen, Unruhen, weiterhin gegen die von Tieren angerichteten Verheerungen (Insekten-Mäusefrass, Heuschrecken, Trichinen, Finnen u. dergl.).

b) Kursversicherung von Wertpapieren, welche über dem Auslosungsbetrag stehen, gegen Verluste bei der Auslosung,

c) Kreditversicherung gegen Verluste an schlechten Forderungen,

d) Versicherung gegen Nachteile aus Diebstahl, Raub, Betrug,

e) Haftpflichtversicherung gegen Verluste, welche einen Beamten, Rechtsanwalt oder dergl. infolge civilrechtlicher Haftbarkeit aus Versehen u. s. w. treffen.

C. Die Lebens- oder Personenversicherung in den mannigfachsten Gestaltungen und Abzweigungen (Versicherung auf den Todes-, auf den Erlebens-Fall, abgekürzte Lebensversicherung; Kapital-, Renten-Versicherung; Kranken-, Unfall-, Invaliditäts-, Alters-, Witwen- und Waisen-, Aussteuer-, Militärdienst-Versicherung).

D. Rückversicherung, d. h. die Versicherung der Versicherer hinsichtlich der in Versicherung genommenen Risikos untereinander (Rückversicherung auf Gegenseitigkeit) oder bei anderen (selbständige Rückversicherung).

II. Die **Geschichte**[1]) des Assekuranzwesens ist erst neueren Datums, zumal wenn man dabei vornehmlich die deutschen Verhältnisse ins Auge fasst. Die ersten Spuren einer wirklichen Versicherung finden sich im 12. Jahrhundert in Island, wo sich Gruppen von Bürgern bildeten zwecks gemeinschaftlicher Tragung der Verluste, die dem einzelnen aus Bränden oder aus Viehsterben erwuchsen.

Abgesehen hiervon ist die Seeversicherung der frühste Zweig nicht allein der Transport-, sondern der gesamten Versicherung. Die Seeversicherung geht in ihren Anfängen, welche sich in Flandern und Portugal finden, bis ins 13. Jahrhundert zurück, verbreitete sich rasch im romanischen Südeuropa und fand bald bei allen Staaten und Städten Eingang, die sich am Welthandel beteiligten. Besondere Bedeutung erlangte sie in England und in Deutschland vor allem in Hamburg.

---

[1]) cfr. hierüber unter anderm: Ehrenberg, Versicherungsrecht, Leipzig 1893, § 3; Brämer, Das Versicherungswesen, Leipzig 1894, in den einzelnen Abschnitten; der Artikel »Versicherungswesen« im Handwörterbuch der Staatswissenschaften und im Wörterbuch der Volkswirtschaft.

Die übrigen Assekuranzzweige entwickelten sich, ausser jenen unbedeutenden Anfängen in Island, erst weit später als die Seeversicherung, und erfüllten vornehmlich die Aufgaben der Feuer- und der Viehversicherung in früherer Zeit die Gilden, Genossenschaften, welche für die verschiedensten Bedürfnisse ihrer Mitglieder Sorge trugen und in ihren Kreis auch die Unterstützung bei Brand- und Viehschäden aufnahmen. Vornehmlich erst im 17. Jahrhundert finden wir in Deutschland kleinere, auf dem Prinzip der Gegenseitigkeit aufgebaute Lokalanstalten.

Die Feuerversicherung gewann erst mit dem Ende des 17. und am Anfange des 18. Jahrhunderts grössere Ausdehnung, nachdem 1677 in Hamburg die erste staatliche Feuerkasse gegründet worden war. Die so entstehenden Anstalten waren zumeist Landesanstalten oder trugen wenigstens ständischen oder städtischen Charakter. Bei ihnen fand Mobiliarversicherung nicht statt, hierfür bildeten sich kleine Verbände von Berufsgenossen, wie von Geistlichen und Lehrern. Allgemeine Privat-Feuerversicherungsanstalten gab es im 18. Jahrhundert nur ganz vereinzelt. Das private Feuerversicherungswesen beginnt in Deutschland eigentlich erst 1821, in welchem Jahre die »Feuerversicherungsbank für Deutschland« in Gotha gegründet wurde. Von nun an wetteifern die öffentlichen Feuerversicherungsanstalten, die sogenannten Sozietäten mit den privaten, die sich besonders in der Form der Aktiengesellschaften rasch entwickelten. Gegenwärtig verfügen fast alle deutschen Bundesstaaten über öffentliche Feuerversicherungsinstitute, und diese sind in Bezug auf die Versicherung von Immobilien teilweise mit Monopol-, teilweise mit Zwangsrechten ausgestattet. Der privaten Thätigkeit bleibt daher vorwiegend nur die Mobiliarversicherung überlassen[1] [2].

---

[1]) Die Sozietäten geniessen häufig gegenüber den privaten Assekuranzinstituten gewisse Vorteile, so besonders: Vorrechte im Konkurse, das Exekutionsrecht hinsichtlich der Versicherungsbeiträge, Stempel- und Sportelfreiheit, Verwaltung durch öffentliche Beamte oder wenigstens Mitbenutzung der letzteren (cfr. Hülsen und Brämer im 4. Ergänzungsheft der Zeitschrift des Kgl. Pr. Stat. Bureaus 1874 S. 23).

[2]) Zwischen den Sozietäten und den Privat-Versicherungsanstalten, besonders den Aktiengesellschaften, besteht ein ziemlich gespanntes Verhältnis.

Die Anfänge unserer heutigen Viehversicherung finden sich, wie bereits erwähnt wurde, in dem Gildewesen des Mittelalters. Bei den sogenannten »Kuhgilden«, »Kuhladen« erklärten sich die Viehbesitzer für Verluste solidarisch haftbar. Trat dann ein solcher ein, so wurde zur Aufbringung der Entschädigung ein Beitrag erhoben. Die erste derartige Kuhgilde soll 1798 in Holstein errichtet worden sein. Solche Kuhgilden bestehen noch heute in grosser Anzahl, wie überhaupt auch jetzt noch die Viehversicherung vorwiegend durch kleinere eng begrenzte Vereine geschieht. Im übrigen aber nahm die Viehversicherung infolge starken Eingriffes des Staates einen etwas anderen geschichtlichen Verlauf als die übrigen Versicherungen, was in der Eigentümlichkeit dieses Versicherungszweiges begründet ist. Der Tod des Viehes kann eintreten infolge von Viehseuchen, die unter Umständen die Viehstände ganzer Gegenden hinwegraffen können, oder aber durch Abnutzung und nichtseuchenartige Krankheiten. Es liegt auf der Hand, dass der Staat ein erhebliches Interesse daran hat, das Auftreten von Viehseuchen zu verhindern, um einer eventuellen Verarmung ganzer Länderstriche vorzubeugen. Das Deutsche Reich[1]) hat denn auch eine Art von Zwangsversicherung auf Gegenseitigkeit für Seuchengefahr geschaffen, um diese durch energische Bestimmungen zu vermindern und möglichst im Keime zu ersticken. Durchseuchte Örtlichkeiten werden vom Verkehr abgeschlossen, seuchenverdächtige Tiere werden getötet, wofür den Viehbesitzern Entschädigungen geleistet werden.

Der Privatviehversicherung ist daher ein eng begrenztes

Die (in vorstehender Anmerkung wiedergegebenen) sogen. »Privilegien« sind seit jeher Gegenstand heftigster Angriffe seitens der Privatanstalten. Die Interessen der letzteren vertritt in dieser Hinsicht vornehmlich die gesamte nicht unbedeutende Versicherungspresse, sowie Ehrenzweigs gutes Assekuranzjahrbuch, diejenigen der Sozietäten das Organ des »Verbandes öffentlicher Feuerversicherungsanstalten«, die Merseburger »Mitteilungen«. In den letzten Jahren war das gegenseitige Verhältnis zwar etwas besser geworden. Der Streit ist aber jetzt von neuem dadurch entfacht worden, dass der Entwurf eines Gesetzes über die privaten Versicherungsunternehmungen alle unter staatlicher oder kommunaler Verwaltung oder Leitung stehenden Anstalten ausscheidet, worüber die privaten Versicherungsinstitute sehr ungehalten sind.

[1]) cfr. Norddeutsches Bundesgesetz vom 7. April 1869 und die Reichsgesetze vom 23. Juni 1880 und 1. Mai 1894.

Feld gezogen. Aber auch in dieses hat der Staat, man kann wohl sagen zweckmässiger Weise teilweise eingegriffen, so in Bayern und Württemberg[1]).

Zwecks Versicherung des Hagelschadens machte man um die Mitte des vorigen Jahrhunderts zwar mehrfach Versuche zur Gründung von Wetterkassen oder Ernteassekuranzanstalten, allein sie beschränkten sich nur auf kleine Kreise und waren nur von kurzer Dauer. Die ersten wirklichen Hagelversicherungsanstalten wurden Ende des 18. Jahrhunderts errichtet. Aber auch jetzt noch blieb dieser Assekuranzzweig sehr zurück, da mehrere Gründungsversuche solcher Anstalten missglückten; erst in den Jahren 1822, 1823 und 1829 erfolgten besser fundierte Gründungen. Nunmehr fand bald die Gründung zahlreicher Anstalten statt. In Bayern wurde durch Gesetz vom 13. Februar 1884 eine staatliche Hagelversicherungsanstalt ins Leben gerufen, welche gut gedeiht.

Die Anfänge der Lebensversicherung sind in Organisationen von Berufsgenossen zu sehen, wie in Begräbnis- und Witwenkassen, welche bereits die Zünfte des Mittelalters kannten. Hiervon abgesehen bildete sich ein Zweig der Lebensversicherung am frühesten aus, welchem allerdings ein gewisser

---

[1]) Für die Zwecke der Viehversicherung sind die kleinen Vereine besonders wertvoll, da sonst eine Kontrolle kaum möglich ist und andernfalls der Tod von Tieren leicht durch mangelhafte Pflege, ja durch Absicht herbeigeführt werden kann, ohne dass dies nachweisbar wäre. Auch ist es schwierig, die Identität des gestorbenen mit dem versicherten Tiere festzustellen. Andererseits aber sind bei ausserordentlichem Viehsterben solche kleine Vereine oft nicht leistungsfähig. Sie haben sich daher häufig zu gegenseitigen Rückversicherungsverbänden zusammengeschlossen. In Baden und Bayern hat der Staat zwecks Durchführung solcher Verbände im Wege der Gesetzgebung eingegriffen. In Baden trägt nach dem Gesetze vom 26. Juni 1890 der Ortsverein $^1/_4$, der Verband $^3/_4$ des Risikos. In Bayern ist durch Gesetz vom 11. Mai 1896 eine Landesviehversicherung unter staatlicher Leitung ins Leben gerufen worden, hier trägt der Ortsverein und die Landesanstalt je $^1/_2$ des Risikos. In beiden Ländern wurde den Anstalten staatlicherseits mit 200000 bezw. 500000 M. zu Hilfe gekommen und geniessen sie auch sonst Erleichterungen. Bayern giebt zudem seiner Anstalt jährlich 40000 M. Staatszuschuss. Die bayrische Landesviehversicherungsanstalt hat sich sehr rasch entwickelt; im Juli 1898 waren ihr bereits 997 Ortsviehversicherungsvereine beigetreten, die 214864 Stück Vieh im Werte von 43341735 M. versichert hatten (cfr. Ehrenzweig, Assekuranzjahrbuch 20. Jahrgang T. III S. 269).

glücksspielartiger Charakter nicht abgeht, die Tontinen. Im übrigen entwickelten sich wirkliche Lebensversicherungsanstalten zuerst in England mit der Gründung der »The Amicable« 1706 und der »Equitable« 1765. Es währte jedoch volle 100 Jahre, bis das englische Vorbild in Deutschland Nachahmung fand. Nach einigen missglückten Versuchen im Anfang des 19. Jahrhunderts wurde 1828 in Lübeck die »Deutsche Lebensversicherungsgesellschaft« und 1829 die »Lebensversicherungsbank für Deutschland« zu Gotha errichtet.

Alle übrigen Versicherungszweige sind erst Gebilde der neueren und neusten Zeit und kann man von einer eigentlichen Geschichte derselben noch nicht sprechen.

III. Was die **Betriebsformen** anlangt, in welchen die Versicherung betrieben wird, so muss man vorwiegend zwei Arten unterscheiden.

Die einen Assekuranz-Institute betreiben die Versicherung als Gewerbe, also zu dem Zwecke, Gewinn zu erzielen. Der Versicherer erhält als Äquivalent für die Übernahme der Gefahr eine feste Prämie. Die Form solcher Versicherungsanstalten ist meistens die von Aktien-Gesellschaften.

Dieser Betriebsform stehen gegenüber die Assekuranz-Institute auf Gegenseitigkeit. Es ist dies eine dem Versicherungswesen eigentümliche Gesellschaftsform, auf welcher auch fast alle öffentlichen Assekuranz-Anstalten aufgebaut sind. An Stelle der festen Prämien sind hier Beiträge von unbestimmter Höhe zu leisten; diese müssen sämtliche Schäden decken, welche während einer Rechnungsperiode die Mitglieder der Gesellschaft treffen, wozu dann noch die Verwaltungskosten treten. Für diese Gesellschaftsform fehlen zur Zeit in Deutschland fast durchweg feste gesetzliche Normen[1]). Ihre Rechtsverhältnisse ordnen sich gegenwärtig nach den allgemeinen Bestimmungen des Bürgerlichen Rechts über Korporationen und Gesellschaften. Die Rechte von juristischen Personen besitzen

[1]) Nur im Königreich Sachsen enthält das Gesetz betreffend die juristischen Personen vom 15. Juni 1868 einzelne Bestimmungen für die Versicherungsgesellschaften auf Gegenseitigkeit, ebenso finden sich solche in Elsass-Lothringen (cfr. Gesetz vom 24. Juli 1867 in Verbindung mit Ausführungsverordnung vom 22. Januar 1868).

sie nur, wenn sie ihnen besonders verliehen worden sind, was nur bei einem Teile der Gesellschaften der Fall ist[1]).

Bei den Versicherungsvereinen auf Gegenseitigkeit sind zwar nicht nach der juristischen, wohl aber nach der praktischen Seite hin zwei Arten zu trennen. Einmal die kleinen Gesellschaften, deren Geschäftsbetrieb sich in engen Grenzen bewegt, und deren Mitglieder meistens in näheren nachbarlichen oder beruflichen Beziehungen stehen (Kranken-, Sterbe-, Begräbnis-, Witwen-Kassen von Standesgenossen, Viehladen, Kuhgilden u. s. w.), und dann die grösseren, deren Geschäftsbetrieb sich über weite Gebiete erstreckt, und deren Mitglieder sich auf die verschiedensten Stände verteilen. Die Zahl der kleineren Versicherungsanstalten ist in Deutschland eine sehr bedeutende.

Für die Gegenseitigkeitsanstalten ist es eine wichtige Frage, wie man für sie eine zweckmässige Vertretung der Versicherten finden soll, welche ja auch gleichzeitig die Versicherungs-Unternehmer sind. Bei kleinen örtlichen Vereinen ist die Sache einfach; hier bildet eine Generalversammlung der Mitglieder die natürliche und dabei sehr verständige Vertretung. Für die grossen Vereine hingegen ist die Frage schwierig, und es ist auch bisher noch nicht gelungen, sie in befriedigender Weise zu beantworten. Bei den grossen Gesellschaften, deren Mitglieder über ein ganzes Land, ja einen Erdteil zerstreut sind, wird zu einer Generalversammlung immer nur ein kleiner Bruchteil erscheinen. Es werden meist nur diejenigen kommen, welche in der Nähe des Ortes wohnen, wo die Generalversammlung abgehalten wird, und auch aus diesen eine nur einigermassen ansehnliche Versammlung zustande zu bringen, wird oft nicht leicht sein. Auch eine schriftliche Abstimmung

---

[1]) Durch die Vorschrift des § 50 der Civilprozessordnung in der Fassung des Gesetzes vom 17. Mai 1898 in Verbindung mit den Bestimmungen des Bürgerlichen Gesetzbuches über Vereine würden die preussischen Versicherungsgesellschaften auf Gegenseitigkeit, soweit ihnen nicht durch besondere Verleihung die Rechte der juristischen Persönlichkeit beigelegt sind, der ihnen nach der bisherigen Gerichtspraxis zustehenden aktiven Parteilichkeit verlustig gegangen sein. Mit Rücksicht auf die hieraus den Gesellschaften erwachsenden Gefahren sind durch königlichen Erlass vom 27. Dezember 1899 sämtlichen in Preussen bestehenden landespolizeilich genehmigten Versicherungsgesellschaften die Rechte juristischer Personen verliehen worden.

bei einem grossen Gegenseitigkeitsverein ist sehr umständlich. Man vergegenwärtige sich, was es bedeutet, 50—100000 Personen zu einer Stimmabgabe aufzufordern und die eingehenden Stimmen, mag dies auch nur ein kleiner Prozentsatz sein, zu sichten und auf ihre Giltigkeit zu prüfen.

Neben diesen zwei vornehmlich in Betracht kommenden Unternehmungsformen des Versicherungswesens wird dieses noch durch eingetragene Genossenschaften, durch Einzel-Personen und auch durch die verschiedenen Arten der Handelsgesellschaften und sonstigen Gesellschaftsformen des bürgerlichen Rechts betrieben. Jedoch sind diese Betriebsformen seltener und finden sich, abgesehen von der Vieh- und Transportversicherung, nur bei den volkswirtschaftlich minder wichtigen Versicherungszweigen. Einzel-Personen als Versicherungs-Unternehmer treten überhaupt nur bei der Transport-, Kurs- und Kredit-Versicherung auf.

IV. Werfen wir endlich noch einen Blick auf das **Versicherungsrecht**, d. h. also auf die Rechtsnormen, welche das Versicherungswesen regeln, so haben wir Privatrecht und öffentliches Recht zu trennen. Das erstere regelt die Beziehungen, die zwischen dem Versicherten und dem Versicherer bestehen, und welche sich vornehmlich in dem Rechtsgeschäft ausprägen, welches diese beiden mit einander abschliessen, in dem Versicherungsvertrage. Das öffentliche Versicherungsrecht beschäftigt sich, abgesehen von Steuerfragen, vornehmlich mit der Zulassung, Beaufsichtigung, Auflösung und dem Betriebe der Versicherungsanstalten, sowie mit den Formen, in welchen solche statthaft sind, endlich in Verbindung hiermit mit zahlreichen gewerbe- und wirtschaftspolizeilichen Fragen.

Die privatrechtliche Seite des Versicherungswesens soll in dieser Abhandlung unerörtert bleiben[1]), vielmehr soll hier nur

---

[1]) Auch der deutsche Entwurf eines Gesetzes über die privaten Versicherungsunternehmungen beschränkt sich auf die öffentlich-rechtliche Seite des Assekuranzwesens und »behält« — so heisst es in den Erläuterungen zum Entwurfe (S. 34) — »die dem bürgerlichen Recht anheimfallende Ordnung des Rechts des Versicherungsvertrages einem besonderen Gesetze vor. Nur ausnahmsweise werden auch privatrechtliche Verhältnisse berührt«. — Man wird sich mit dieser Trennung um so mehr einverstanden erklären können, als es überhaupt kaum möglich sein dürfte, die gewerbe- und wirtschaftspolizeilichen

geprüft werden, in welcher Weise die öffentlich-rechtliche Seite des Versicherungswesens in Deutschland am zweckmässigsten zu gestalten sei. Von vielen Seiten wird eine Verstaatlichung des gesamten Versicherungswesens oder wenigstens wichtiger Zweige desselben gefordert. Auch hierauf soll hier nicht eingegangen werden. Nachdem einmal unter dem 26. November 1898 der »Entwurf eines Gesetzes über die privaten Versicherungsunternehmungen« veröffentlicht worden ist und hierdurch die Reichsregierung zu erkennen gegeben hat, dass sie das Versicherungswesen nicht verstaatlichen will, erhebt sich für die Gegner wie für die Anhänger der Verstaatlichungs-Idee gleichmässig die Frage: Wenn das Versicherungswesen nicht verstaatlicht wird, wie ist es dann am zweckmässigsten zu regeln? Hat der Entwurf das Richtige getroffen? Wo ist er reformbedürftig?

Die Ansichten darüber, welche Aufgaben der Staat dem Assekuranzwesen gegenüber hat, sind sehr geteilt. Muss das Versicherungswesen, wie der Gewerbebetrieb vollständig frei sich entfalten können, oder muss die Staatsgewalt in dasselbe eingreifen? Und wenn man letzteres bejaht: Genügt es, wenn der Gesetzgeber den Assekuranzgesellschaften bestimmte Veröffentlichungen vorschreibt (Publizitätssystem), oder müssen, ähnlich wie bei den Aktien-Gesellschaften, gewisse äussere Erfordernisse vorgeschrieben werden, unter welchen Assekuranz-Gesellschaften entstehen und bestehen können (Normativsystem), oder muss endlich der Staat das Versicherungswesen dauernd überwachen (Betriebsüberwachungssystem) und als Ausfluss der Überwachung auch die Gründung neuer Gesellschaften genehmigen (Konzessionssystem)? Diese Fragen wird man für verschiedene Zeiten und Völker, für verschiedene Kulturstufen, ja für verschiedene Versicherungszweige verschieden beantworten können. Um aber beurteilen zu können, welches der genannten Systeme, oder ob etwa ein »gemischtes« System an der Wende des 19. Jahrhunderts für das Deutsche Reich das empfehlens-

---

Fragen mit den privatrechtlichen in einem Gesetze vernünftig zu ordnen. Übrigens sind der ganze Abschnitt III (Versicherungsvereine auf Gegenseitigkeit) sowie auch verschiedene Einzelvorschriften des Entwurfs privatrechtlicher Natur.

werteste sei, muss man sich zunächst die volkswirtschaftliche Bedeutung des Versicherungswesens (§ 2) und dann den von diesem bisher in Deutschland gewonnenen Umfang (§ 3) klar machen; denn es liegt auf der Hand, dass die Aufgaben des Staates einem volkswirtschaftlich bedeutungsvollen und im Lande stark verbreiteten Zweige gegenüber andere sind, als einem solchen, der volkswirtschaftlich minder wichtig und der auch weniger entwickelt ist. Man muss sich weiter vor Augen führen, wie gegenwärtig in öffentlich-rechtlicher Hinsicht das Versicherungswesen geordnet ist (§ 4); denn die Gesetzgebung kann die historische Entwicklung eines Zweiges, den sie regeln will, nicht ausser acht lassen.

Ausserdem wird man auch auf die entsprechende Gesetzgebung der anderen Kulturländer einen Blick werfen müssen (§ 5); denn wenn auch ein deutsches Gesetz dem Charakter und den Erfahrungen unseres Volkes entsprechen muss, so kann man auch aus den Erfahrungen des Auslandes mancherlei lernen.

Alles dieses soll daher in den folgenden Paragraphen besprochen werden. Erst dann soll an die Frage herangetreten werden: Wie ist zur Zeit das Assekuranzwesen in Deutschland am zweckmässigsten zu regeln? Schliesslich soll dann der jüngst veröffentlichte deutsche Entwurf eines Gesetzes über die privaten Versicherungs-Unternehmungen einer Besprechung und Kritik unterzogen werden.

§ 2.

Die volkswirtschaftliche Bedeutung des Versicherungswesens.[1]

Die Versicherung trägt zunächst sehr zur Verminderung des Armenwesens bei. Auch wenn das Assekuranzwesen sich noch so sehr ausdehnen würde, so bliebe der öffentlichen und der privaten Unterstützung und Wohlthätigkeit für gewisse

---

[1]) Saski, Die volkswirtschaftliche Bedeutung des Versicherungswesens, Leipzig 1869; Makowizka in Bluntschlis Handwörterbuch, Bd. 11, Zürich 1870; Elster, Lebensversicherung in Deutschland, Halle 1880; Emminghans im Artikel »Versicherungswesen« im Handwörterbuch der Staatswissenschaften, Bd. 6 S. 462; Brämer l. c. S. 6 ff.; Wagner l. c. S. 376 ff., v. Heckel im Wörterbuch der Volkswirtschaft Bd. 2 S. 789.

Fälle der Not und des Unglücks immer noch ein weites Feld offen. Jedenfalls aber rühren zahlreiche Fälle der Verarmung von solchen Unglücksfällen her, deren schädliche Folgen man durch Versicherungen abzuwenden vermag. Nur wenige können so viel Ersparnisse zurücklegen, dass sie etwaige erhebliche Unglücksfälle, seien es nun Feuerschäden oder andere elementare Ereignisse, sei es Krankheit, Erwerbsunfähigkeit oder Tod aushalten können, ohne dass sie selbst oder ihre Angehörigen schwer geschädigt werden. Personalkredit kann ein so Betroffener naturgemäss nur selten erhalten, aber auch der Realkredit versagt meist, selbst wenn er Grund- und Gebäude-Besitz haben sollte, da letzterer ja sehr oft schon übermässig belastet ist. So ist er auf Armenunterstützung angewiesen. Anders der Versicherte. Er ist der traurigen Notwendigkeit enthoben, sich dann an die Barmherzigkeit und Mildthätigkeit seiner Mitmenschen wenden zu müssen. Die Brandbettelbriefe und Brandkollekten, die Hagelkollekten u. s. w. früherer Zeiten entsittlichen den Bettelnden. Der Versicherte ist dem demütigenden Gefühl, Almosen annehmen zu müssen, nicht ausgesetzt; die ihm in der Not gewährte Hilfe gründet sich nicht auf den guten Willen seiner Mitmenschen, er hat sie durch die Zahlung der Versicherungsprämie sich erkauft. So bewahrt die Feuerversicherung alljährlich tausende und abertausende vor ihrem wirtschaftlichen Untergange oder wenigstens vor erheblichen Benachteiligungen in ihrem Wirtschaftsbetriebe, ohne dass die Zahlung der Versicherungssumme ihnen empfindliche pekuniäre Opfer auferlegt hätte. Emminghaus[1]) meint, eine Durchschnittssumme von 500 Mark für den einzelnen Brand sei jedenfalls hoch geschätzt und berechnet hiernach unter der Annahme, dass jeder Brandfall nur eine Person oder Haushaltung und nur einen Versicherer betroffen hätte, dass im Jahre 1889 allein 136000 Personen bezw. Haushaltungen durch die Feuerversicherung vor Schaden bewahrt worden sind. — Ebenso ist die Hagel- und Viehversicherung, welche vornehmlich dem Landwirte zu gute kommt, ein Mittel, diesen vor Armut oder wenigstens vor schweren wirtschaftlichen Schädigungen zu sichern. Die Hagelversicherung nimmt die Bodenprodukte durch alle Stadien ihrer

---

[1]) im Handbuche der Staatswissenschaften Bd. 3 S. 409, 410.

Entwicklung bis zur Reife und Einerntung in ihren Schutz, worauf dann bis zu ihrem Verbrauche oder Verkaufe die Feuerversicherung an ihre Stelle tritt. Gerade für den kleinen oder für den weniger kapitalkräftigen Landwirt, der auf den Jahresertrag seiner Wirtschaft angewiesen ist, ist die Versicherung gegen Hagel von höchster Wichtigkeit. Der nicht versicherte und verhagelte Landmann muss eventuell einen Teil seiner Besitzung oder einen Teil seines Viehes verkaufen, weil er mangels genügender eigener Wirtschafts-Erträge letzteres nicht ernähren kann, oder weil er sich infolge des Hagels eines erheblichen Teiles seiner sonstigen Einnahmen beraubt sieht. Nicht anders liegen die Verhältnisse bei der Viehversicherung. Das Vieh repräsentiert, zumal für den kleinen Landwirt, einen sehr wertvollen, vielleicht den wertvollsten und, unter den gegenwärtigen, wenig günstigen Agrar-Verhältnissen, den einträglichsten Teil seines Vermögens. Geht ein Teil des Viehes unter, so kann der nicht versicherte Landwirt es sich sehr oft mangels ausreichender Mittel erst nach und nach wieder anschaffen. Man braucht hier nicht einmal an den Fall zu denken, dass einem Tagearbeiter, der einen kleinen Streifen Landes hat, seine vielleicht einzige Kuh oder Ziege, wahrscheinlich sein wertvollster Besitz, zu grunde geht.

Die Versicherung fördert weiterhin mächtig Produktion und Handel. Sie giebt dem Menschen den Mut auch zu riskanteren Geschäften. So befähigt ihn die Feuerversicherung, sich auch auf feuergefährliche, für die menschliche Gesellschaft aber gleichwohl nützliche und wichtige Unternehmungen einzulassen, so ermöglicht es ihm die Transportversicherung, gefährlichere Seereisen zu machen, so gestattet es die Lebensversicherung dem Kaufmann, sein Kapital ganz oder zum grössten Teile in sein Geschäft zu stecken, und dem Grundbesitzer, kostspielige Meliorationen und Neuanschaffungen vorzunehmen; denn beide wissen im Falle ihres Todes ihre Angehörigen mit Barmitteln versehen. Gerade der Unbemittelte kann sich infolge von Versicherung auf grössere Unternehmungen einlassen, denen sonst nur der Reiche, juristische Personen oder Gesellschaftsorganisationen sich zuwenden können. Wer würde es wagen, die eigenen Ersparnisse oder das Erbteil seiner Eltern in umfangreiche, aber gefährliche Unternehmungen zu stecken, wenn er beständig der Furcht ausgesetzt wäre, dass die entfesselte Natur, dass ein von ihm unabhängiger Zufall ihn mit einem Schlage um Hab und Gut bringen könnte? Es ist kaum zu bezweifeln, dass unser Handel seinen grossartigen, frühere Jahrhunderte weit übertreffenden Aufschwung in diesem Umfange nicht genommen hätte, wenn ihm nicht die Transportversicherung zur Seite gestanden hätte. »Es ist wohl selten darauf hingewiesen worden, dass namentlich der Warenhandel angemessene Preise und Preisstetigkeit in erster Linie der Versicherung verdankt, welche nur den Versicherungspreis, nicht aber die Gesamtkosten erlittener Verluste auf den Preis der Waren aufzuschlagen nötigt«[1]). — Man hat zwar behauptet, durch die Versicherung würde ein erlittener Schaden nur durch einen Schaden gedeckt, der einer Mehrheit durch Zahlung der Prämie entstanden sei, das Vermögen der Gesamtheit werde aber jedenfalls vermindert. Dies ist nur teilweise richtig. Die Versicherung ist jedenfalls insofern eine Ursache vermehrter Produktion, als sie auf den einzelnen einen Zwang ausübt, die Mittel zu erübrigen, welche die Prämie erfordert. Und darum spornt die Versicherung auch zur Sparsamkeit an; manche unnütze Ausgabe würde ohne diese Versicherung gemacht werden; sie ist für den Menschen eine beständig wirkende Triebfeder, jene Opfer aufzubringen.

Die Versicherung bringt ferner Ruhe in den geängstigten Menschengeist, indem sie seinem Vermögen eine gewisse Stetigkeit giebt und ihm die Sorge für die Zukunft erleichtert. Während der Nicht-Versicherte stets befürchten muss, eine einzige Stunde könne die Früchte seines arbeitsreichen Lebens vernichten, er werde im Alter, wenn seine Arbeitsfähigkeit erlahmt ist, darben müssen, ein frühzeitiger Tod könne seine Angehörigen der Armut preisgeben, oder es ihnen wenigstens unmöglich machen, ihre bisherige soziale Stellung und Lebenshaltung beizubehalten, weiss der Versicherte sich und die Seinigen diesen Zuständen gegenüber gedeckt.

Auch der Kredit der einzelnen wird durch die Versicherung erhöht. Auf gegen Feuer versicherte Grundstücke ist weit leichter und ergiebiger Kredit zu bekommen, wie auf

[1]) Emminghaus im Handwörterbuch Bd. 6 S. 463.

unversicherte. Die meisten öffentlichen Institute, wie sehr viele vorsichtige Kapitalisten beleihen überhaupt nur versicherte Grundstücke, ja häufig werden auch nur auf versicherte Waren und Produkte Darlehne gegeben, und bei der Hypothekenversicherung ist sogar der Kredit selbst Gegenstand der Versicherung, und diese setzt den Grundbesitzer in den Stand, seinen Realkredit bis zu sehr weiten Grenzen auszunutzen.

Versicherung macht den einzelnen auch oft wirtschaftlich leistungsfähiger, dies trifft vor allem bei der Feuerversicherung zu. Ist jemand abgebrannt, so wird er häufig das Grundstück nicht in der bisherigen Weise wieder aufführen, oft wird er vielmehr zu der ihm gezahlten Versicherungssumme weitere Mittel hinzufügen, um die neue Anlage im Vergleich zu der abgebrannten nicht nur erweitern, sondern sie auch besser und zweckmässiger bauen lassen zu können.

Aber auch darin liegt eine volkswirtschaftlich nicht zu unterschätzende Bedeutung des Versicherungswesens, dass die eingezahlten Prämien, vor allem bei der Lebensversicherung, ganz enorme Kapitalien in einer Hand, in derjenigen der Versicherungsanstalt, zusammenführen. Die so aufgebrachten Summen können und werden sofort wieder zu produktiven und wirtschaftlich nützlichen Unternehmungen verwandt werden, während sie in ihren einzelnen, weil häufig zu kleinen, Beträgen oft zwecklos daliegen oder wenigstens weniger nützlich verwandt würden, weil dem Einzelnen eine passende Anlage-Gelegenheit fehlt.

Die Versicherung ist endlich ein nicht zu unterschätzendes Mittel, um Schäden von vornherein zu verhindern oder zu verringern, indem der Versicherer in der Lage ist, den die Versicherung seiner Habe Suchenden Vorschriften zu machen, welche geeignet sind, die Fälle des Eintritts eines Schadens zu vermindern. So wirkt die Feuerversicherung auf die Verbesserung der Bauart der Häuser, und vor allem kann bei Fabriken u. dergl. die Anbringung von Schutzvorrichtungen verlangt werden: alles Mittel zur Verhütung von Bränden und Explosionen. Und der Versicherte wird sich den Vorschriften der Versicherungsgesellschaften oft schon deshalb unterwerfen, weil die Prämien um so niedriger bemessen zu werden pflegen, je feuerfester das zu versichernde Gebäude ist, abgesehen davon, dass bei zu grosser Feuergefährlichkeit sich möglicherweise gar keine Gesellschaft findet, welche die Versicherung übernimmt. Auch auf die Verbesserung des Feuerlöschwesens wirkt die Feuerversicherung förderlich. Es liegt auf der Hand, dass die Versicherungsanstalten ein sehr grosses Interesse an möglichst guten feuerpolizeilichen Einrichtungen, guten Löscheinrichtungen und Gerätschaften haben und auf deren Vervollkommnung hinwirken. — Ebenso befördert auch die Transport- und Viehversicherung eine Schadensverringerung. Dort führt die Versicherung dazu, die Konstruktion der Schiffe und anderer Transportmittel, sowie auch die Rettungsanstalten bei Schiffbrüchen zu vervollkommnen, hier bewirkt sie grössere Aufmerksamkeit auf das Vorkommen von Viehseuchen und häufigere Inanspruchnahme von tierärztlicher Hilfe.

Freilich hat auch das Versicherungswesen Schattenseiten. Es wird zunächst durch die Versicherung nach gewisser Richtung die Bildung neuer Kapitalien verzögert oder gar verhindert, da der Versicherte möglicherweise die Beträge, welche er für Prämien verwenden muss, sonst zu Kapitalansammlungen benutzen würde. Dieser Nachteil ist jedoch nicht so erheblich. Denn es ist schon viel wert, dass durch die Versicherung der Verlust vorhandener Kapitalien vermieden wird. Wie aber die Versicherung, was wir soeben sahen, sehr oft zu einer Schadensverringerung führt, so kann sie auch eine Schadensvermehrung bewirken. Sie macht den Versicherten zuweilen sorgloser und unvorsichtiger, ja sie treibt ihn unter Umständen zu verbrecherischen Handlungen, sei es, weil es oft erheblich angenehmer ist, an Stelle eines schwer realisierbaren oder alten Gegenstandes (Haus, Schiff) bares Geld zu erhalten, um sich mit diesem einen neuen beschaffen zu können, oder sei es direkt zwecks Gewinnerzielung, was vor allem bei vorhandener Überversicherung stattfindet. Und so werden in der That zuweilen Gebäude, Warenlager u. s. w. absichtlich in Brand gesteckt, Schiffe vorsätzlich angebohrt und versenkt, mit ihrem Leben Versicherte von denjenigen beiseite geschafft, zu deren Gunsten die Versicherung abgeschlossen wurde. Endlich werden bei der Lebensversicherung hin und wieder Strohmänner untergeschoben. — Gegen die Überversicherung soll teilweise die sogen. Präventivkontrolle schützen, wonach entweder die Rechtsbeständigkeit des Versicherungsvertrages von vorheriger polizeilicher Prüfung und Unbedenklichkeitserklärung abhängig ist, oder wonach in dem rechtsgiltig geschlossenen Vertrag nach behördlicher Prüfung die Versicherungssumme eventuell herabgesetzt werden muss.

Wägt man die Vorteile des Assekuranzwesens gegen dessen Nachteile ab, so kann man unbedenklich sagen: die ersteren übersteigen die letzteren ganz bedeutend. Man wird das Versicherungswesen als einen der wichtigsten Zweige der Volkswirtschaft ansehen können und wünschen müssen, dass dasselbe eine möglichst weite Verbreitung finde.

§ 3.

Statistisches über das Versicherungswesen.[1])

Bei diesem Ueberblick über den Umfang des Versicherungswesens in Deutschland wollen wir uns auf die hauptsächlichsten Zweige des Assekuranzwesens beschränken, zumal die übrigen meistens noch ziemlich unentwickelt sind. Im Jahre 1897 arbeiteten in Deutschland

1. Lebensversicherungsgesellschaften	
a) Aktienunternehmungen	23
b) Gegenseitigkeitsanstalten	37
2. Feuerversicherungsgesellschaften	
a) Aktienunternehmungen	29
b) Gegenseitigkeitsanstalten	16
c) öffentliche Anstalten	54
3. Unfallversicherungsgesellschaften	22
4. Glasversicherungsgesellschaften[2])	16
5. Hagelversicherungsgesellschaften	24
zu übertragen	221 Anstalten.

[1]) Alle statistischen Zahlen dieses Paragraphen sind dem Artikel »Die Resultate der deutschen Versicherungsgesellschaften im Jahre 1897« von B. Iranyi in Ehrenzweigs Assekuranz-Jahrbuch, T. III, S. 181 – 292 20. Jahrgang Wien 1899 entnommen. — Eine ähnliche Statistik wie die folgende, ebenfalls im Anschluss an Ehrenzweigs Assekuranz-Jahrbuch, stellt C. v. W. für 1896 in Schmollers Jahrbuch, 22. Jahrg. S. 834 ff. zusammen.

[2]) Diese Versicherung wird von vielen Anstalten noch nebenbei betrieben.

übertragen	221	Anstalten
6. Transportversicherungsgesellschaften	47	„
7. Wasserleitungsschädenversicherungsgesellschaften	2	„
8. Einbruchsdiebstahlversicherungsgesellschaften	3	„
9. Viehversicherungsgesellschaften	23	„
10. Rückversicherungsgesellschaften	35	„
in summa	331	Anstalten.

Diese Summe umfasst jedoch nur die grösseren Gesellschaften, vor allem nicht die zahlreichen Sterbekassen, ebenso nicht die kleinen Feuerversicherungsvereine von lokaler Bedeutung, welche auf dem Prinzip der Gegenseitigkeit beruhen, und deren Zahl in Preussen auf 242 angegeben wird, weiterhin nicht die ausserordentlich zahlreichen Viehversicherungsvereine, deren in Preussen allein im Jahre 1886 4875 gezählt wurden, endlich auch nicht die kleinen Hagelversicherungsvereine.

Diese 331 grossen Versicherungsanstalten verfügten 1897 über Aktiva in Höhe von 2619 Millionen Mark, von welchen über 1¾ Milliarden, nämlich 1839 Millionen in Hypotheken angelegt waren. Von diesen 1839 Millionen entfallen wieder 1662 Millionen allein auf Hypotheken- oder Lebensversicherungsgesellschaften. Die Entwicklung der Aktiva der grossen Assekuranzinstitute giebt ein anschauliches Bild von dem ungeheuren Wachstum des Versicherungswesens in Deutschland. Diese Aktiva beliefen sich:

1886	auf	1189	Millionen	Mark
1887	„	1304	„	„
1888	„	1402	„	„
1889	„	1506	„	„
1890	„	1613	„	„
1891	„	1725	„	„
1892	„	1830	„	„
1893	„	1957	„	„
1894	„	2093	„	„

1895 auf 2248 Millionen Mark,
1896 „ 2437 „ „
1897 „ 2624 „ „[1])

Sehen wir uns nun einmal die versicherte Werthöhe, also die Beträge an, auf welche die Versicherungspolicen im Jahre 1897 lauteten, wobei bei den Kapitalsummen im folgenden durchweg Mark zu verstehen sind.

Bei der Lebensversicherung bestanden 1212552 Versicherungen auf den Todesfall mit 5436 Millionen Kapital, 2385163 Sterbekassen und Volksversicherungen mit 472 Millionen Kapital, sowie 529451 Erlebensversicherungen mit 823 Millionen Kapital, im ganzen also 4127212 Policen und $6\frac{3}{4}$ Milliarden Kapital gegen etwa 3432000 Policen[2]) und $6\frac{1}{4}$ Milliarden Kapital im Jahre 1896. Hierzu treten noch 46083 Policen über $15\frac{1}{3}$ Millionen Rente gegen 42865 Policen über 14 Millionen Rente im Jahre 1896.

Bei der Feuerversicherung waren versichert 122 Milliarden Werte (gegen 116 Milliarden im Jahre 1896). Hiervon entfielen auf die sogenannten Sozietäten etwa 44 Milliarden, auf die Aktiengesellschaften etwa 67 Milliarden, auf die gegenseitigen Anstalten etwa 10 Milliarden und auf die oben erwähnten 242 kleinen preussischen Vereine etwas über 1 Milliarde.

Bei der Unfallversicherung war der Umfang der Versicherungen nur für 13 Anstalten zu ermitteln. Bei ihnen bestanden für den Todes- und Invaliditätsfall etwa 180000 Policen mit etwa $4\frac{1}{2}$ Milliarden Kapital (gegen 160000 Policen und $3\frac{3}{4}$ Milliarden Kapital im Jahre 1896 für allerdings nur 12 Anstalten) und 1 Million Rente (gegen 900000 Mark im Jahre 1896).

Für die Glasversicherung bringen nur 8 Anstalten Mitteilungen über die Höhe des Versicherungsstandes. Bei ihnen waren fast 47 Millionen Werte versichert.

[1]) Bei diesen Zahlen sind die Aktiva der erwähnten 242 preussischen kleinen Versicherungsvereine mit eingesetzt und zwar mit etwas über 4 Millionen, woraus sich die Differenz der oben mit 2619 und hier mit 2624 angesetzten Millionen pro 1897 ergiebt.

[2]) Der unverhältnismässig hohe Zuwachs von Policen im Jahre 1897 gegenüber 1896 erklärt sich daraus, dass 1897 immer mehr Gesellschaften sich auch mit kleinen Versicherungen (Volksversicherung) befassten, so dass 1897 allein 898105 neue Volksversicherungspolicen ausgestellt wurden.

Bei der Hagelversicherung waren für 2 1/2 Milliarden Feldfrüchte versichert (gegen 2 1/3 Milliarden im Jahre 1896) und bei der Viehversicherung nur Vieh im Werte von 179 Millionen (gegen 145 Millionen im Jahre 1896).

Für die Transportversicherung liegen neuere Zusammenstellungen nicht vor, 1895 waren bei 13 Anstalten 6 3/4 Milliarden Werte versichert[1]).

Schon bei den vorerwähnten Lebens-, Feuer-, Unfall-, Glas-, Hagel-, Vieh- und Transportversicherungsanstalten waren somit 1897 über 142 Milliarden Werte versichert. Diese Summe erhöht sich aber noch dadurch, dass ausser den berücksichtigten Anstalten noch zahlreiche andere, vor allem bei den sonstigen Zweigen des Assekuranzwesens, existieren, und als noch der Kapitalwert der Renten bei der Lebens- und Unfallversicherung in Anschlag zu bringen ist. Man wird daher die Höhe der in Deutschland im Jahre 1897 in Versicherung gegebenen Werte auf weit über 150 Milliarden beziffern können.

§ 4.

Gegenwärtiger Rechtszustand in Deutschland.

Trotz der Bestimmung des Art. 4 der Reichsverfassung, welche das Versicherungswesen der Reichsgesetzgebung unterstellt, hat diese sich bisher nur gelegentlich mit demselben beschäftigt. Sieht man von der sogenannten Arbeiterversicherung und von privatrechtlichen Bestimmungen[2]) ab, so bleiben nur wenige minder wichtige öffentlich-rechtliche Vorschriften übrig, welche das Reich für das Assekuranzwesen gegeben hat[3]).

Will man sich daher ein Bild machen, wie gegenwärtig das Versicherungswesen nach seiner öffentlich-rechtlichen Seite im deutschen Reiche geordnet ist, so muss man die hier in Frage kommenden Bestimmungen der Einzelstaaten betrachten.

---

[1]) cfr. das genannte Assekuranz-Jahrbuch, Bd. 19, T. III, S. 256.

[2]) Solche finden sich hauptsächlich im § 1 Abs. 2 No. 3 und im 4. Buche des Handelsgesetzbuches, welches letztere vom Seerecht handelt, und in den §§ 1045, 1046, 1127 bis 1130 des B. G. B.

[3]) Vgl. §§ 6,14 Abs. 2 und 148 Ziffer 2 der Gewerbeordnung sowie § 360 Nr. 9 und §§ 270—280 des Strafgesetzbuches.

Preussen[1]). In Preussen untersteht die Lebens-, Unfall-, Renten- und Feuerversicherung der Aufsicht des Ministeriums des Innern, die Hypotheken-, Hagel- und Viehversicherung derjenigen des Landwirtschaftsministeriums, die Transport- und Glasversicherung derjenigen des Handelsministeriums. Man muss jedoch unterscheiden zwischen den alten Landesteilen Preussens und den 1866 neu hinzugekommenen. Was zunächst die alten Landesteile anlangt, so ist in ihnen für alle Versicherungsarten staatliche Genehmigung erforderlich, welche der Regel nach von den genannten Ministerien erteilt wird[2]).

[1]) cfr. Gesetz über das Mobiliarfeuerversicherungswesen vom 8. Mai 1837; es führte ortspolizeiliche Präventivkontrolle zur Verhinderung von Über- und Doppelversicherung ein, verbot die Versicherungsnahme bei ausländischen Gesellschaften »ohne Vermittelung eines bestätigten inländischen Agenten« (§ 3) und bestimmte: »ausländische Gesellschaften bedürfen zu Versicherungsgeschäften der Erlaubnis des Ministeriums des Innern«. Der von den Feuerversicherungsgesellschaften so bekämpfte § 14 dieses Gesetzes lautet: »Kein Agent darf eine Police oder einen Prolongationsschein zu derselben aushändigen, bevor er nicht von der Polizeiobrigkeit des Wohnorts des Versicherungsuchenden die amtliche Erklärung erhalten hat, dass der Aushändigung in polizeilicher Hinsicht keine Bedenken entgegenstehen«. cfr. weiter Kabinettsordre vom 30. Mai 1841, welche den vorstehend teilweise wiedergegebenen § 14 und den § 15 des Gesetzes vom 8. Mai 1837 ausdehnte und die Konzessionspflicht erweiterte. — Gesetz vom 17. Mai 1853 betr. den Geschäftsverkehr der Versicherungsanstalten ordnete das Verfahren der Konzessionierung und der Zulassung von Versicherungsgesellschaften. Der grundsätzliche § 1 dieses Gesetzes lautet: »Die für Unternehmer von Versicherungsanstalten jeder Art erforderliche Genehmigung der Staatsbehörde darf nur erteilt werden, wenn die Regierung sich von der Unbescholtenheit und Zuverlässigkeit des Unternehmers überzeugt hat«. — Die Kabinettsordre vom 2. Juli 1859 ordnete an, dass bei Konzessionsgesuchen die Frage, ob für eine neue Versicherungsanstalt ein Bedürfnis vorliege, nicht mehr geprüft werden solle. — Gesetz vom 22. Juni 1861 hob die Konzessionspflicht der Versicherungsagenten auf und bestimmte nur eine Anzeige- und Abmeldefrist der Versicherungsagenten bei der Polizei. — Gesetz vom 31. März 1877 hob Beschränkungen auf, die für Privatfeuerversicherungsgesellschaften durch Reglementsbestimmungen einzelner öffentlicher Feuersozietäten auferlegt waren. — Hinsichtlich der Rechnungslegung der Lebensversicherungsanstalten cfr. Erlass d. Minist. d. Innern vom 2. Februar 1891 und 8. März 1891, hinsichtlich der privaten Feuerversicherungsanstalten cfr. Erlass vom 22. März 1893.

[2]) Wenn die Versicherungsanstalt ihre Wirksamkeit nur über einen bestimmten Regierungsbezirk oder eine bestimmte Provinz erstrecken will, wird die Konzession — von Ausnahmen abgesehen — von dem betreffenden Regierungs- bezw. Oberpräsidenten erteilt. Ministerial-Reskript vom 14. April 1861,

Diese verfahren jedoch bei der Konzessionserteilung nicht einheitlich, vielmehr stellt das Handelsministerium geringere Anforderungen. Für Aktiengesellschaften wird ein hinreichendes Aktienkapital (bei Feuer- und Lebensversicherungsanstalten mindestens 3 Millionen Mark), für Gegenseitigkeitsanstalten eine Beteiligung in bestimmtem Umfange (bei den genannten Versicherungen in der Regel 3 Millionen Mark) sowie ein Garantiefonds gefordert. Die Statuten der Assekuranzanstalten bedürfen der Genehmigung der Aufsichtsbehörde, auch dürfen dieselben nicht ohne deren Zustimmung abgeändert werden. Weiterhin müssen die Versicherungsgesellschaften ihre jährlichen Geschäftsberichte der Aufsichtsbehörde einreichen und sie veröffentlichen. Ausländische Gesellschaften müssen einen Generalbevollmächtigten im Inlande bestellen und den inländischen Gerichtsstand anerkennen. Ausserdem müssen neuerdings die ausländischen Lebensversicherungsanstalten eine Kautionssumme in inländischen Werten hinterlegen. Die Aufsichtsbehörde ist befugt, jederzeit die Geschäftsbücher der Hauptverwaltung einer Gesellschaft, sowie der Agenturen einzusehen. Eine einmal erteilte Konzession kann nicht willkürlich zurückgezogen werden, sondern nur unter bestimmten Voraussetzungen[1]). Es entscheidet darüber der Bezirks-Ausschuss[2]) auf Klage der zuständigen Aufsichtsbehörde, und es ist gegen diese Entscheidung Berufung[3]) an das Oberverwaltungsgericht statthaft.

Was die neuen Landesteile anlangt, so gelten in ihnen auch die Verwaltungsgrundsätze, wie sie sich in den alten Provinzen ausgebildet haben, jedoch nur insoweit, als sie mit der Natur der in den neuen Landesteilen bestehenden Gesetze verträglich sind.

In Schleswig-Holstein, Lauenburg und Frankfurt a. M. existieren gar keine beschränkenden Bestimmungen, in Nassau ist Konzessionierung und Beaufsichtigung der Feuerversicherungsgesellschaften nötig, im ehemaligen Kurhessen findet nur eine Beaufsichtigung ausländischer Versicherungen statt, während in

welches naturgemäss nur für die alten Provinzen gilt und durch Ministerial-Erlass vom 20. Juni 1869 auf Hannover entsprechend ausgedehnt wurde.

[1]) cfr. das Nähere bei Ehrenberg l. c. S. 170.

[2]) Zuständigkeitsgesetz vom 1. August 1883 § 120 No. 2.

[3]) Gesetz über die allgemeine Landesverwaltung vom 30. Juli 1883 § 83.

Hannover und im rechtsrheinischen Hessen-Homburg allgemeine Konzessionierung besteht.

In Bayern[1]) finden sich ähnliche Bestimmungen, wie in Preussen; vor allem findet auch Konzessionierung und Beaufsichtigung der Gesellschaften statt; die Konzession wird erteilt von der Kreisregierung oder vom Ministerium des Innern, bei Mobiliar-Feuerversicherungsanstalten vom Könige. Alljährlich müssen die Geschäftsberichte eingereicht und auch veröffentlicht werden, hausierendes Aufsuchen von Versicherungen kann durch die Kreisregierung verboten werden, die Präventivkontrolle über Mobiliarversicherungen ist aufgehoben.

Sachsen[2]). Auch in Sachsen ist Konzessionierung für Versicherungsgesellschaften vorgeschrieben; inländische Aktiengesellschaften, sowie gegenseitige Gesellschaften, falls sie die Rechte juristischer Personen erlangen wollen, unterstehen dem Gesetze betreffend die juristischen Personen vom 15. Juni 1868.

In Württemberg[3]) bedürfen einer Bewilligung zum Geschäftsbetriebe »Aktiengesellschaften, Kommanditgesellschaften auf Aktien und juristische Personen, die einem nicht deutschen Staate angehören, wenn das Gewerbe Sach- oder Lebensversicherung einschliesslich der Leibrentenverträge zum Gegenstand hat, und in- und ausländische Feuerversicherungs-Unternehmungen aller Art«. Bei der Konzessionierung von Mobiliar-Feuerversicherungsgesellschaften wird die Bedürfnisfrage geprüft. Es findet eine weitgehende Beaufsichtigung des

[1]) cfr. Verordnung über das Mobiliar-Feuerversicherungswesen vom 10. Februar 1865, Polizeistrafgesetz vom 26. Dezember 1871 mit Ausführungsbestimmungen vom 4. Januar 1872, Verordnung vom 11. September 1872, Ministerial-Erlasse vom 3. Oktober 1872 und 2. Juli 1895, endlich noch die Gesetze vom 3. April 1875 (Landesbrandversicherungsanstalt), 13. Februar 1884 (öffentliche Hagelversicherungsanstalt), 11. Mai 1896 (Landesviehversicherungsanstalt).

[2]) cfr. Gesetze vom 28. August 1876, 18. Oktober 1886 und 3. Mai 1892 — Gesetz vom 25. August 1876, abgeändert durch Gesetz vom 13. Oktober 1886 (allgemeine öffentliche Landes-Immobiliarbrandversicherungsanstalt).

[3]) cfr. Gesetz vom 19. Mai 1852 mit Ausführungsverordnungen vom 28. Mai 1852, 12. August 1865, 14. Dezember 1871. Verfügung vom 19. November 1898 betreffend den Geschäftsbetrieb der privaten Versicherungsunternehmungen, endlich Gesetz vom 14. März 1853 (öffentliche Zwangsanstalt für Immobilienfeuerversicherung).

Geschäftsbetriebes statt, ausserdem ist eine scharfe Präventivkontrolle gegen Überversicherung vorgeschrieben.

Die übrigen deutschen Staaten[1]) verlangen fast sämtlich Konzession für Versicherungsgesellschaften, sei es nun für alle Gesellschaften, oder nur für diejenigen, welche Feuerversicherung betreiben, und haben eine mehr oder minder eingehende Staatsaufsicht; nur die drei Hansastädte, Oldenburg und Sachsen-Koburg-Gotha kennen mit teilweiser Ausnahme der Feuerversicherung weder Konzession noch Staatsaufsicht. In Elsass-Lothringen bedürfen lediglich die Lebensversicherungsanstalten der Konzession.

Überschaut man dieses Bild, so ist dasselbe kein erfreuliches und giebt Zeugnis von der höchst unerwünschten Buntscheckigkeit, welche auf dem Gebiet des Versicherungswesens zur Zeit in Deutschland herrscht. Es bestehen die verschiedensten Systeme, die Gesetze schwanken von einer strengen Konzessionspflicht und einer energischen Staatsaufsicht einerseits bis zu einem völligen Geschehenlassen andererseits. Allerdings ist ja für den grössten Teil der Bundesstaaten Konzessionierung und Beaufsichtigung der Versicherungsanstalten vorgeschrieben, und dies wirkt auch auf jene Landesteile ein, welche keine gesetzlichen Schranken für das Assekuranz-Wesen kennen. Da doch die meisten Versicherungs-Institute ihren Geschäftsbetrieb auf zahlreiche Bundesstaaten ausgedehnt haben, so unterliegen sie der Aufsicht derjenigen, in welchen sie zugelassen sind, falls in ihnen das Betriebsüberwachungs-System herrscht, und zwar selbst dann, wenn an dem Orte des Sitzes der betreffenden Gesellschaft das Versicherungswesen keinen gesetzlichen Bestimmungen unterworfen ist. Aber auch hinsichtlich der Art der Staatsaufsicht herrscht ein grosses Durcheinander. Mag dieselbe sich auch teilweise, besonders bei mehreren kleineren Bundesstaaten, nach der preussischen richten, immerhin

[1]) cfr. die ausführliche Zusammenstellung der in den einzelnen Staaten geltenden gesetzlichen Bestimmungen bei Kummer, die Gesetzgebung der europäischen Staaten betreffend die Staatsaufsicht über die privaten Versicherungsanstalten, Bern 1883, S. 56ff. — cfr. auch über das Erfordernis der Konzession in den einzelnen deutschen Staaten Ehrenberg l. c. § 18 sowie im Vereinsblatt des deutschen Versicherungswesens 8. Jahrg. 1880 S. 53ff.

sind nicht nur de jure, sondern zum guten Teile auch de facto die Anforderungen äusserst verschieden, welche die einzelnen Bundesstaaten an die Genehmigung knüpfen; verschieden ist das Mass staatlicher Aufsicht, verschieden sind die Vorschriften hinsichtlich des Grundkapitals, des Gründungsfonds, sowie wegen der Anlegung der Reserven, verschieden endlich die Bestimmungen über die Dauer und über die Entziehung der Konzession. Diese grosse Vielgestaltigkeit ist aber für das Versicherungswesen um so störender, als gerade dieses nach seinem Zweck und seinem Wesen auf grosse Territorien angewiesen ist.

Soll der Versicherungsbetrieb nicht ein gewagter sein, so muss die Versicherungsgefahr nicht nur auf eine möglichst grosse Zahl von Versicherungsnehmern, sondern auch auf ein möglichst grosses Territorium ausgedehnt werden. Nur so kann ein guter Ausgleich der zu übernehmenden Risiken stattfinden, nur so eine Versicherungsanstalt davor verschont bleiben, dass ein lokaler Zufall sie nicht aufs schwerste schädigt. Das Gebiet einer Versicherungsanstalt darf daher gewöhnlich nicht dasjenige eines einzelnen Bundesstaates, ja nicht einmal blos dasjenige des deutschen Reiches sein, es muss vielmehr umfassender sein und die Grenzen des Reichs überschreiten. Soll aber augenblicklich eine Versicherungsanstalt gegründet werden, welche sich auch nur auf ihrem natürlichstem Boden, auf dem des Reiches, entwickeln will, so muss sie in jedem der etwa zwanzig Bundesstaaten, welche Konzession vorschreiben, diese nachsuchen und sich den in dem betreffenden Einzelstaate nötigen besonderen Anforderungen der Aufsichtsbehörde fügen. Hier tritt der Begriff des »deutschen Auslandes« in einer ähnlichen Weise hervor, wie bei dem Spielen in »auswärtigen« Lotterien. Landesgrenze und »Ausland« fallen der Regel nach zusammen, indem unter ausländischen Versicherungsanstalten alle diejenigen verstanden werden, die nicht in dem Bundesstaate, welcher die Konzession verleiht, ihren Sitz haben. Nur Bayern, Oldenburg und Elsass-Lothringen haben sich von dieser Engherzigkeit freigemacht [1]).

[1]) Der Begriff »Deutsches Ausland« ist noch ganz kürzlich von neuem zu Tage getreten, indem am 30. November 1898, also nach Veröffentlichung

Wenn man bei diesem wirren Durcheinander der verschiedensten Partikular-Gesetze und -Verordnungen, die fast wie ein undurchdringliches Choas erscheinen, bedenkt, dass diese Mannigfaltigkeit in einem Macht gebietenden Lande besteht, das politisch und wirtschaftlich eine Einheit bildet, so tritt das Bedürfnis einer reichsgesetzlichen Regelung des Versicherungswesens um so schreiender hervor.

§ 5.

Ausländische Gesetzgebung.[1])

Unter allen Ländern des europäischen Kontinents war es Österreich, welches die ersten modernen Vorschriften über den Betrieb von Versicherungsgeschäften erliess, Vorschriften, welche auf einer ausführlich geregelten Staatsaufsicht aufgebaut sind. Unter dem 18. August 1880 erging für die im Reichsrate vertretenen Königreiche und Länder die Verordnung betreffend die Konzessionierung und staatliche Beaufsichtigung der Versicherungsanstalten. Gleichzeitig wurde zwecks Ausübung der Kontrolle im Ministerium des Innern ein versicherungstechnisches Büreau eingerichtet. Das Regulativ vom 18. August 1880 wurde dann durch dasjenige vom 5. März 1896 ersetzt, und es enthält das letztere mehrfach weitergehende Bestimmungen wie die frühere Verordnung. »Die staatliche Kon-

---

des deutschen »Entwurfs eines Gesetzes über die privaten Versicherungsunternehmungen« in Württemberg das Ministerium des Innern die bereits oben (S. 23 Anmerkung 3) erwähnte Verfügung vom 19. November 1898 publiziert hat, deren § 7 bestimmt: »Versicherungsunternehmungen, welche ihren Sitz nicht in Württemberg haben, müssen einen in Württemberg ansässigen gut prädizierten (?) und zuverlässigen bevollmächtigten Vertreter — Generalagent — aufstellen und aufgestellt erhalten, welcher die Unternehmung sowohl den Behörden, als den Versicherten in Württemberg gegenüber zu vertreten hat«. § 9 Abs. 4 sagt: »Die von auswärtigen Versicherungsunternehmungen den Versicherten ausgestellten Urkunden . . . . müssen die Unterschrift des für Württemberg aufgestellten Vertreters tragen«. Die in Rede stehende Verfügung findet sich unter anderem abgedruckt in Masius Rundschau 10. Jahrg. 3. Heft.

[1]) cfr. hierüber: Kummer, Die Gesetzgebung der europäischen Staaten betreffend die Staatsaufsicht über die privaten Versicherungsanstalten, Bern 1883 (teilweise veraltet); Brämer, Das Versicherungswesen, Leipzig 1894 S. 43—48. Emminghaus, im Handwörterbuch der Staatswissenschaften unter Versicherungswesen Bd. 6, S. 461.

zession kann nur für die Errichtung von Versicherungsanstalten erteilt werden, welche entweder Aktiengesellschaften oder auf dem Prinzip der gegenseitigen Haftung der Mitglieder beruhende Vereine sind« (§ 2). »Das Aktienkapital von Versicherungsgesellschaften ist derartig festzusetzen, dass bei Konstituierung wenigstens ein Betrag von soviel mal 100000 fl. eingezahlt werde, als Versicherungszweige betrieben werden, doch muss das eingezahlte Kapital mindestens 300000 fl. betragen. Die emittierten Aktien sind, wenn sie auf Inhaber lauten, im vollen Nominalwerte, wenn sie auf Namen lauten, wenigstens mit 30% des Nominalbetrages einzuzahlen und ist im letzteren Falle der Rest durch Schuldurkunden oder Solawechsel sicherzustellen« (§ 3). »Der Gründungsfond bei auf Gegenseitigkeit beruhenden Anstalten ist von einer den obwaltenden Verhältnissen entsprechenden Höhe, bei gegenseitigen Lebensversicherungsanstalten aber auf mindestens 20000 fl. festzusetzen, welche bar einzuzahlen sind« (§ 4). Die Statuten aller Assekuranzanstalten bedürfen ebenso, wie die allgemeinen Versicherungsbedingungen staatlicher Genehmigung (§§ 9, 10). Die Bestimmungen, welche die allgemeinen »Versicherungsbedingnisse« zu enthalten haben, werden ausführlich vorgeschrieben (§ 11). »Um die stete Erfüllbarkeit der von der Anstalt übernommenen Verpflichtungen zu sichern, kann der Erlag einer Kaution, beziehungsweise eine Erhöhung derselben gefordert werden« (§ 17). Für die Auflösung, Geschäftsübertragung, Fusion von Gesellschaften ist Staatsgenehmigung erforderlich (§§ 23, 24). »Die Staatsaufsicht hat sich auf die genaue Beobachtung der gesetzlichen und statutarischen Vorschriften, sowie auf jene Umstände zu erstrecken, von welchen die jederzeitige Erfüllbarkeit der künftigen Verpflichtungen der Anstalt bedingt wird« (§ 27). Für die Berechnung der Prämien-Reserve, die Anlage der Kapitalien, die Darstellung der Rechnungsabschlüsse und Rechenschaftsberichte werden Grundsätze aufgestellt (§ 28 ff). »Die Gesellschaften bleiben verpflichtet, den Organen der Staatsaufsicht jederzeit alle Beihilfe und Aufklärungen zu geben, welche in Ausübung des staatlichen Aufsichtsrechtes gefordert werden, und ihnen zu diesem Zwecke die Einsicht in die Bücher, Rechnungen u. s. w. der Gesellschaft jederzeit zu gestatten« (§ 38). Die ausländischen in Österreich zugelassenen Versicherungsanstalten unterliegen der gleichen Staatsaufsicht, wie die inländischen[1]).

Für Ungarn bestand bis zum Inkrafttreten des Handelsgesetzbuches vom Mai 1875 das Konzessionssystem. Seitdem ist mit letzterem gebrochen und es kommen nur noch die Bestimmungen des Handelsgesetzbuches (Art. 453 bis 462) in Betracht; für Aktien-Gesellschaften gilt die Gesetzgebung über diese, für gegenseitige Gesellschaften die Gesetzgebung über Genossenschaften. Konzession ist nicht erforderlich. Vor der Eröffnung des Geschäftsbetriebes muss eine Gesellschaft gerichtlich eingetragen sein und muss für jeden Versicherungszweig ein Grundkapital von wenigstens 100000 fl. nachgewiesen werden. Ausserdem bestehen weitgehende Veröffentlichungen über die Geschäftsergebnisse.

Im Jahre 1894 wurde ein von dem Kurialrichter Dr. Beck im Auftrage des Justizministers verfasster Gesetz-Entwurf über das private Versicherungswesen der Oeffentlichkeit übergeben[2]). Derselbe basiert zwar auf dem Publikationsprinzip, wird jedoch sehr stark durch das System staatlicher Aufsicht und Kontrolle ergänzt. Es soll ein besonderes staatliches Versicherungsamt errichtet werden, »dessen Aufsicht sich auf die Bildung und Erhaltung aller jener Faktoren erstrecken muss, welche auf die Solidität der Unternehmung beziehungsweise auf die Wahrung der Interessen des Versicherten Bezug haben«[3]). Das Versicherungsamt soll vor allem darüber wachen, dass die Prämien- und Gewinn-Reserven in der That in der Weise gebildet, vermehrt und verwaltet werden, welche das Gesetz vorschreibt.

Von besonderem Interesse sind die Bestimmungen, welche über das Versicherungswesen in der Schweiz[4]) bestehen, da

[1]) Das Regulativ von 1896 findet sich abgedruckt in der Zeitschrift für Versicherungsrecht und -Wissenschaft, Bd. II, S. 360ff. — Einen kurzen Ueberblick über das Regulativ von 1880 unter ausdrücklicher Nichtberücksichtigung desjenigen von 1896 giebt Wagner l. c. S. 416.

[2]) Derselbe findet sich nebst Motiven abgedruckt in der Zeitschrift für Versicherungsrecht und -Wissenschaft, Bd. I, S. 45ff.

[3]) So heisst es in den Motiven zum Entwurf cfr. l. c. S. 86.

[4]) Die sämtlichen hier angeführten Gesetze, Verordnungen, Regulative finden sich abgedruckt am Schlusse eines jeden der alljährlich erscheinenden »Berichte des eidgen. Versicherungsamtes über die privaten Versicherungs-

diesen teilweise die Vorschriften des Entwurfes nachgebildet sind, und auch die Erläuterungen des letztern sich häufig auf die Verhältnisse in der Schweiz berufen. In Vollziehung des Artikel 34 Al. 2 der Bundesverfassung ist in der Schweiz das Bundesgesetz vom 25. Juni 1885 betreffend »Beaufsichtigung von Privatunternehmungen im Gebiete des Versicherungswesens« ergangen. Nach ihm entscheidet der »Bundesrat auf Grund der vorgelegten Ausweise und allfällig anderer von ihm ermittelten thatsächlichen Verhältnisse über die an ihn gelangenden Gesuche um Bewilligung des Geschäftsbetriebes« (Artikel 3 des Gesetzes). Im Gegensatz zum österreichischen Assekuranz-Regulativ verlangt die Schweiz zwar eine Angabe darüber, wie hoch das Aktienkapital, respektive der Gründungsfonds sei, wie viel von diesem eingezahlt sei (Artikel 2), es setzt aber keine Minimalziffer für Aktienkapital oder Gründungsfonds fest. Die Konzession wird nur auf bestimmte Zeit, meistens auf sechs Jahre erteilt[1]). Der Bundesrat bezw. das von ihm eingesetzte »Eidgenössische Versicherungsamt« beaufsichtigt dauernd den Geschäftsbetrieb der Anstalten. »Vereine mit örtlich beschränktem Geschäftsbetriebe, wie Krankenkassen, Sterbevereine u. s. w., fallen nicht unter das Gesetz. Den Kantonen bleibt es vorbehalten, über die Feuerversicherung polizeiliche Vorschriften zu erlassen und den Feuerversicherungsunternehmungen mässige Beiträge zu Zwecken der Feuerpolizei und des Feuerlöschwesens aufzuerlegen«. (Artikel 1.) Die Versicherungsanstalten haben ferner in sehr ausführlicher Weise dem Versicherungsamte Auskunft zu erteilen, ausländische Versicherungsanstalten müssen ein Rechtsdomizil in der Schweiz haben. Sämmtliche Versicherungsanstalten müssen eine vom Bundesrat festzusetzende Kaution[2]) leisten, welche jedoch nur so hoch bemessen wird, als notwendig erscheint, um in einem einzelnen Falle die Zahlung einer Forderung und der Prozesskosten oder sonstiger Gebühren zu sichern[3]), und bei Lebens-

---

unternehmungen in der Schweiz«, welche wegen ihrer Vortrefflichkeit sich allgemeiner Wertschätzung erfreuen.

[1]) Diese Bestimmung wird in ausführlicher Weise in dem Berichte des eidgen. Versicherungsamtes pro 1891, S. II ff. gerechtfertigt.

[2]) cfr. Verordnung vom 12. Oktober 1886.

[3]) cfr. den umstehend zu Anm. 1 erwähnten Bericht S. V.

versicherungsgesellschaften 100000 Frank, bei Feuerversicherungsgesellschaften 50000 Frank, bei den übrigen Gesellschaften bedeutend weniger beträgt[1]).

In Frankreich bedürfen nur Lebensversicherungsgesellschaften der Konzession, während die übrigen Versicherungszweige völlig frei operieren können, ohne einer Ueberwachung zu unterliegen. Die für die Lebensversicherung in Frage kommende Gesetzgebung fusst hauptsächlich auf Artikel 66 des Gesetzes vom 24. Juli 1867, welcher lautet: »Die Gesellschaften von der Natur der Tontinen und die Lebensversicherungs-Gesellschaften, gegenseitige und gegen fixe Prämien, bleiben der Autorisation und Ueberwachung der Regierung unterstellt. Die andern Versicherungsgesellschaften können sich ohne Autorisation bilden. Ein Administrativ-Reglement wird die Bedingungen festsetzen, unter welchen sie errichtet werden können.« Dieses Reglement wurde von Napoleon III. am 22. Januar 1868 erlassen. — Fast in jeder Session werden jetzt im französischen Parlament Anträge auf Verstaatlichung des Assekuranzwesens gestellt. Nachdem in den Jahren 1883 bis 1887 die Regierung drei verschiedene Entwürfe zwecks Regelung des Versicherungswesens der Deputiertenkammer zugehen liess, ohne dass einer zur Verabschiedung kam, sind neuerdings mehrere Gesetz-Entwürfe als Initiativanträge von Abgeordneten dem Parlament vorgelegt worden, so in der Session 1894 von den Deputierten Roche und Saint-Germain. Beide Entwürfe beschäftigen sich nur mit den Lebensversicherungsgesellschaften, der Entwurf des Abgeordneten Saint-Germain sogar nur mit den ausländischen Lebensversicherungsinstituten. Beide sehen Konzessionierung und Staatsaufsicht vor[2]). 1896 hat auch der frühere Handelsminister Lebon einen Entwurf zwecks Regelung des Assekuranzwesens in der Kammer eingebracht.

Grossbritannien kennt keine Konzession und keine Staatsaufsicht für das Assekuranzwesen. Die Versicherungsanstalten werden ebenso behandelt wie alle übrigen Handels-

---

[1]) cfr. Regulativ vom 29. Oktober 1886.

[2]) cfr. Näheres über den Inhalt der Entwürfe bei Masius, Rundschau Bd. 6 (1894) S. 142ff.

gesellschaften und unterstehen dem Gesellschaftsgesetze vom 7. August 1862. Nur für die Lebensversicherungsgesellschaften wurde unter dem 9. August 1870 eine besondere Akte erlassen, welche 1871 und 1872 ergänzt wurde. Nach ihr muss jede neu entstehende Lebensversicherungsgesellschaft 20000 Pfd. Sterling hinterlegen, welche zurückgegeben werden, sobald der Fonds der angesammelten Prämien 40000 Pfd. Sterling erreicht hat. Ausserdem muss jede Lebensversicherungsanstalt alle fünf oder zehn Jahr ihre Finanzlage durch einen Techniker prüfen lassen und aus dessen Bericht einen Auszug machen, von welchem jeder Aktionär und jeder Versicherte eine Abschrift verlangen kann. Abgesehen von diesen und einigen andern formellen Sicherheitsmassregeln im Interesse der Versicherten erstreckt sich die Mitwirkung des Staates auch bei den Lebensversicherungsgesellschaften nur auf die Kontrolle der Publicität.

Für Russland kommen in Betracht das russische Generalgesetz in Verbindung mit der Verfügung vom 6. Juni 1894. Es darf kein Versicherungsunternehmen ohne Einwilligung der Regierung gegründet werden, diese ist widerruflich, auch müssen 500000 Rubel hinterlegt werden. Es besteht beim Ministerium des Innern ein besonderer Rat, welcher die Versicherungsanstalten zu überwachen hat. Ausländische Versicherungsanstalten bedürfen, und zwar nach einem Gesetz vom 19. November 1871, der Konzession, müssen erhebliche Kautionen stellen sowie einen Generalbevollmächtigten, auch müssen sie die Jahresberichte einreichen[1]).

Nach der Verfassung der Nordamerikanischen Union ist nicht diese für das Versicherungswesen zuständig, sondern die Einzelstaaten. Diese haben denn auch vor allem seit dem Jahre 1860 eine grosse Anzahl von Versicherungsgesetzen erlassen, welche zwar einander ähnlich sind, aber immerhin in einzelnen Punkten von einander abweichen; vorwiegend hat die diesbezügliche Gesetzgebung von New-York den andern Staaten als Muster gedient. Die Assekuranz-Institute sind in der Union so streng beaufsichtigt, wie nirgends in Europa und zwar durch

---

1) Bei Masius, Rundschau Bd. 6 (1894) S. 64 finden sich die Bedingungen abgedruckt, unter welchen die russische Regierung die »Viktoria« in Berlin zum Geschäftsbetriebe in Russland zulassen wollte. Sie waren derartig, dass die »Viktoria« auf die Konzession verzichtete.

das Insurance Departement, welches auf Kosten der Gesellschaften erhalten wird, und an dessen Spitze ein Superintendent steht. Direkte Konzessionierung findet zwar nicht statt, jedoch ist zur Eröffnung des Geschäftsbetriebes die Erfüllung zahlreicher vom Gesetz vorgeschriebener Bedingungen nötig. Sowohl der Geschäftsbetrieb wie die Kapitalkräftigkeit der Gesellschaften werden dauernd scharf überwacht. Für die ausländischen Anstalten gelten, von geringfügigen Ausnahmen abgesehen, dieselben Vorschriften, wie für die amerikanischen. Die Aufsichtsbeamten, welche meist nach politischen Gesichtspunkten gewählt werden, lassen sich jedoch teilweise bestechen und scheuen auch vor Erpressungen nicht zurück. — Neuerdings ist ein von dem Oberst Tyler ausgearbeiteter Gesetz-Entwurf über das Versicherungswesen dem Senate eingereicht worden; dieser will die Gesetzgebung über dasselbe den Einzelstaaten nehmen und sie der Landesregierung übertragen.

In Italien sind die Versicherungsgesellschaften, gleich allen übrigen Gesellschaften, den Normen des Handelsgesetzbuches vom 31. Oktober 1882 unterworfen, nur müssen sie die Bilanz nach einem speziellen Schema anfertigen, welches das Ministerium für Ackerbau, Handel und Industrie vorschreibt. Das genannte Ministerium hat ausserdem das Recht, durch Beauftragte die Bücher der Gesellschaft nachzusehen, um zu prüfen, ob den gesetzlichen Normen genügt ist. —

Am 3. April 1894 legte der Minister für Ackerbau, Handel und Industrie im Einverständnis mit dem Justizminister der Deputiertenkammer einen Gesetz-Entwurf vor [1]), welcher ein stärkeres Eingreifen des Staates in das Versicherungswesen vorsah. Nachdem inzwischen ein Wechsel in dem vorstehend zuerst genannten Ministerium stattgefunden hatte, wurde dieser Entwurf in einigen Teilen verbessert und mit diesen Abänderungen am 21. November 1895 von neuem der Kammer unterbreitet [2]).

In Norwegen beaufsichtigt ein vom Staate eingesetztes Komitee die Lebensversicherungsanstalten.

---

1) Derselbe ist abgedruckt bei Masius, Rundschau, Bd. 6 (1894) S. 145 ff. und S. 208 ff.

2) Der wesentliche Inhalt dieses Entwurfes ist in der Zeitschrift für Versicherungsrecht und -Wissenschaft, Bd. 2, S. 24 angegeben und kritisiert.

Unter dem 23. November 1895 ist in Norwegen der »Entwurf zum Gesetz über Versicherungsgesellschaften« veröffentlicht worden[1]). Derselbe umfasst 139 Paragraphen, und es ist ihm eine umfangreiche Begründung beigegeben. Der Entwurf ist auf dem Normativsystem aufgebaut, schreibt weitgehende Staatsaufsicht und zahlreiche Publikationen vor. Direkte Konzessionierung sieht der Entwurf zwar nicht vor, das von ihm eingeführte »Verwarnungssystem« kommt aber ziemlich auf dasselbe hinaus. Da die Einrichtung der »Abmahnung« etwas diesem Entwurf originelles ist, mögen die betreffenden Paragraphen hier wiedergegeben werden. § 43 sagt: »Das Versicherungsamt hat baldmöglichst die empfangenen Nachweisungen zu prüfen und eine mit Gründen versehene Erklärung darüber abzugeben, ob das Unternehmen auf gesunden Grundlagen aufgebaut ist. Die Erklärung soll ausdrücklich abschliessen entweder mit einer Gutheissung der vorgeschlagenen Einrichtung, oder mit einer Abmahnung von der Errichtung der Gesellschaft«. »Wird« — so heisst es dann in § 46, Absatz 2 — »die Gesellschaft trotz der abratenden Entscheidung des Versicherungsamtes gegründet, so soll diese mit fetter Schrift unmittelbar hinter den Gesellschaftsnamen in allen Bekanntmachungen der Gesellschaft oder anderen Mitteilungen jedweder Art an das Publikum, sowie in die Policen aufgenommen werden.«

Wenn bei einer errichteten Lebensversicherungsanstalt das Versicherungsamt die Bruttoprämien nicht hoch genug findet, entweder von vornherein, oder nachdem die betreffende Gesellschaft diese Prämien herabgesetzt hat, so wird diese von dem Amt aufgefordert, genügend hohe Bruttoprämien einzuführen. »Unterlässt« — so fährt dann § 68 fort — »es die Gesellschaft, dem Verlangen des Versicherungsamtes nachzukommen, so soll das letztere in dem öffentlichen Anzeiger das Publikum vor dem Abschlusse von Versicherungen mit der Gesellschaft warnen«.

In Schweden besteht, und zwar aus dem Jahre 1886, eine Verordnung betreffend Konzession und Aufsicht der Lebens-

[1]) Dieser Entwurf ist abgedruckt und kritisiert in der vorerwähnten Zeitschrift Bd. 3 S. 945 ff. und Bd. 4 S. 300 ff. und S. 395 ff.

versicherungsgesellschaften und ein Gesetz betreffend den Betrieb der ausländischen Versicherungsgesellschaften.

Unter dem 10. September 1897 ist auch in Schweden ein Entwurf zu einem das gesamte schwedische Versicherungswesen umfassenden Gesetze veröffentlicht worden[1]. Der eigentliche Gesetzentwurf umfasst 101 Paragraphen und ist auf dem Konzessionssystem aufgebaut. Daneben beschäftigt sich ein nur zwei Paragraphen enthaltender Gesetzentwurf in sehr rigoroser Weise mit den ausländischen, in Schweden arbeitenden Gesellschaften. »Ausländische Versicherungsgesellschaften, welche nicht Aktiengesellschaften sind, dürfen im Reiche (Schweden) keine Versicherungsgeschäfte betreiben«. (§ 2.) »Der König allein kann solchen fremden Versicherungsaktiengesellschaften, die mit schwedischen Versicherungsaktiengesellschaften in ihrem Lande im Rückversicherungsverhältnis stehen, die Genehmigung zum Betriebe in Schweden für dieselbe Versicherungsart erteilen, die sie in ihrer Heimat betreiben. Die näheren Bedingungen, unter denen die ausländischen Gesellschaften im Reiche (Schweden) das Versicherungsgeschäft betreiben können, bestimmt der König«. (§ 1.)

Was die übrigen Länder anlangt, so enthält das rumänische Handelsgesetzbuch die gleichen Bestimmungen wie das italienische.

In Spanien, Portugal, Belgien, Holland und Dänemark findet eine Überwachung der Versicherungsanstalten durch die Regierung nicht statt.

In Holland wurde im Jahre 1897 ein Gesetzentwurf betreffend die Lebensversicherung veröffentlicht, welcher von einem mittelst Königlichen Dekrets vom 4. April 1892 eingesetzten Komitee ausgearbeitet worden ist. Der Entwurf umfasst nur 10 Paragraphen und sieht die Einführung einer weitgehenden Staatsaufsicht vor[2].

---

[1]) cfr. Masius, Rundschau Bd. 10 S. 120. — Ehrenzweig, Assekuranzjahrbuch 20. Jahrgang, Abteil. III S. 377.

[2]) Der Entwurf ist abgedruckt und kritisiert in Baumgartners Zeitschrift Bd. 3 S. 945 ff. und Band 4 S. 300 ff. und S. 395 ff.

§ 6.

Allgemeines über die Aufgaben des Staates gegenüber dem Versicherungswesen.[1]

Wenn man die Frage beantworten will, welche Aufgaben der Staat dem Versicherungswesen gegenüber hat, so muss man zunächst entscheiden, ob dieses wie ein gewöhnlicher Gewerbebetrieb zu behandeln sei. Die Verfechter dieser Ansicht führen etwa folgendes aus:

Der Staat solle sich um das Assekuranzwesen schon deshalb möglichst wenig kümmern, weil es unangebracht sei, einen Geschäftszweig, als welcher das Versicherungswesen anzusehen sei, und der doch von kaufmännischen Gesichtspunkten aus zu beurteilen und zu betreiben sei, durch staatliche Massnahmen einzuengen und so in seiner ungestörten Entwickelung zu hemmen. Durch staatliches Eingreifen in das Assekuranzwesen werde der Unternehmungsgeist gelähmt, während dessen Förderung im allgemeinen Interesse läge. Es sei Sache des versicherungsuchenden Publikums, diejenige Versicherungs-Anstalt zu wählen, welche ihm am meisten zusage, die ihm die günstigsten Bedingungen stelle, zu der es Vertrauen habe. Möge das Publikum sich hierbei selbst vor Schaden wahren und durch eigene Wachsamkeit dafür sorgen, dass es nicht schwindelhaften Anstalten zum Opfer falle. Der Staat solle die Prüfung der Zuverlässigkeit einer Versicherungs-Gesellschaft schon deshalb

[1]) Richter, in der Vierteljahrsschrift für Politik und Kulturgeschichte, Jahrgang 1867 Bd. 2 S. 54 ff. Schäfer ebenda Jahrg. 1883 Bd. 4 S. 57 ff. und S. 154 ff. v. Oesfeld ebenda Jahrg. 86 Bd. 1 S. 52 ff. Sendtner, in den Annalen des Deutschen Reichs für Gesetzgebung, Verwaltung und Statistik von Hirt, Jahrg. 1873 S. 773 ff. Elster, Lebensversicherung in Deutschland, Halle 1880 S. 71 ff. Emminghaus in Hirts Annalen Jahrg. 1880 S. 138 ff. Die Artikel »Reichsversicherungsgesetz« im Vereinsblatt für deutsches Versicherungswesen Jahrg. 1880. Ehrenzweig in seinem Assekuranzjahrbuch Bd. 8 T. 1 S. 13 ff. Baumgartner in seiner Zeitschrift für Versicherungsrecht und -Wissenschaft Bd. 3 S. 556 ff., Bd. 4 S. 1 ff. S. 767 ff. Bödiker, die Reichsversicherungs-Gesetzgebung in Schmollers staats- und sozialwissenschaftl. Forschungen Bd. 16 Heft 4 S. 35 ff. C. v. W. in Schmollers Jahrb. für Gesetzgebung, Verwaltung und Volkswirtschaft 22. Jahrg. 3. Heft S. 125 ff.

nicht vornehmen, weil er hierdurch eine gewisse Garantie für die Vertrauenswürdigkeit einer solchen übernehme und das Publikum, wenn auch nicht von eigener Prüfung abhalte, so doch gleichgiltiger gegen dieselbe mache. Der Staat könne aber auch eine solche Prüfung gar nicht vornehmen; er sei völlig ausser stande beurteilen zu können, ob eine Assekuranzanstalt solide sei oder nicht, und alle Staatsaufsicht werde nicht hindern, dass sich in einzelnen Versicherungs-Unternehmungen unsolide Zustände entwickeln. Auch werde endlich die im Assekuranzwesen ja stark hervortretende Konkurrenz viel besser und weit nachdrücklicher als der Staat Missstände der einzelnen Anstalten aufdecken und so das Publikum vor ernstlichem Schaden bewahren.

Wir halten diese Anschauungen für unrichtig. Einmal stehen bei den hauptsächlichsten Zweigen des Versicherungswesens ganz andere und weit wichtigere Interessen auf dem Spiele, wie bei einem gewöhnlichen Gewerbebetriebe, und es erscheint daher auch notwendig, dass der Staat, der den Versicherungs-Anstalten so hohe wirtschaftliche Aufgaben anvertraut, in deren Betrieb mehr eingreift, als in denjenigen eines gewöhnlichen Gewerbes.

Ferner aber ist es für den einzelnen, selbst wenn er die erforderliche allgemeine Bildung hat, trotz der umfangreichsten Publikationen der Versicherungs-Anstalten einfach unmöglich, auch bei Anwendung der grössten Sorgfalt sich ein richtiges Urteil darüber zu verschaffen, ob eine Versicherungsanstalt solide ist oder nicht. Mag auch Emminghaus [1]) dies nur für die Lebensversicherung zugeben wollen: wir sind der Meinung, dass die Technik des gesamten Versicherungswesens für die grosse Masse der Kunden »ein Buch mit sieben Siegeln« ist.

Wollte daher auch der Staat den Assekuranz-Instituten eine weitgehende Veröffentlichung ihrer Betriebsergebnisse vorschreiben, so wären diese Publikationen doch von wenig praktischem Wert. Denn selbst die umfangreichsten Geschäftsberichte, Bilanzen, Ausweise und dergleichen, auch wenn sie noch so klar und übersichtlich angelegt sind, bleiben dem grossen Publikum unverständlich, da ihre richtige Beurteilung

[1]) Im Handwörterbuch der Staatswissenschaften Bd. 6 S. 459.

besondere Sachkenntnis erfordert, welche das versicherungsuchende Publikum, von ganz verschwindenden Ausnahmen abgesehen, nicht hat und nicht haben kann. Hiermit soll nun nicht gesagt sein, es sollten für die Versicherungs-Anstalten überhaupt keine Veröffentlichungen vorgeschrieben werden. Freilich muss deren gesamte Geschäftsführung auf der Grundlage der Publizität beruhen, und jedem Versicherten, der hierfür Zeit und Verständnis hat, muss die Möglichkeit gegeben sein, sich über die einzelnen Assekuranz-Institute zu orientieren. Der Staat darf sich nur nicht darauf beschränken, gewisse Veröffentlichungen anzuordnen, er muss vielmehr nachhaltiger in das Versicherungswesen eingreifen. Hierfür spricht auch, abgesehen von allem Übrigen, noch der Umstand, dass dem einzelnen jede Bürgschaft dafür fehlt, dass die öffentlichen Bekanntmachungen der Versicherungs - Anstalten auch der Wahrheit entsprechen.

Wir meinen daher: wer die äusserst wichtige volkswirtschaftliche Bedeutung anerkennt, welche dem Assekuranzwesen innewohnt, und welche wir oben zu schildern versuchten, und wer wünscht, dass dasselbe immer weitere Verbreitung finde und in allen Kreisen des Volkes immer festere Wurzeln fasse, der kann weder ein völliges Geschehenlassen der Versicherungsanstalten zugeben noch auch, dass diese nur zu gewissen Veröffentlichungen verpflichtet werden.

Und so kann der Staat nicht auf der einen Seite wünschen, dass seine Unterthanen gegen alle möglichen ihnen etwa drohenden Schäden sich versichern, und andererseits wenig oder gar nichts dafür thun, dass den Versicherten im Falle der Not auch diejenige Hilfe gebracht werde, für welche sie vielleicht unter mannigfachen Entbehrungen während vieler Jahre durch Zahlung von Prämien und Beiträgen schwere Opfer gebracht haben.

»Der Zusammenbruch einer Versicherungs-Gesellschaft, bei der Millionen von Ersparnissen kleiner Leute angelegt sind, oder die zu kostspielige Verwaltung oder die zu geringfügigen Leistungen oder die zu harten Versicherungsbedingungen solcher Gesellschaften — alles das kann die Existenz eines grossen Teiles der Bevölkerung aufs Schwerste gefährden und aufs Tiefste schädigen. Und die Prüfung der Güte der einzugehenden Versicherungsgeschäfte ist gerade diesem Teile der Bevölkerung sehr schwer, wenn nicht ganz unmöglich« [1]).

Sehen wir uns nun nach diesen allgemeinen Betrachtungen einmal die hauptsächlichsten Versicherungszweige im einzelnen nach der Richtung hin an, ob für sie staatliches Eingreifen erforderlich ist.

Eine besondere Fürsorge muss der Staat der Lebensversicherung zuwenden; sie ist auf die Dauer bestimmt, hier setzt der Versicherte die von ihm gewählte Anstalt im gewissen Sinne zur Verwalterin eines Teiles seiner Ersparnisse ein, bei ihr sind die Prämien, da sie Einzahlungen auf das Versicherungskapital darstellen, besonders hoch und gehen im Falle von Misswirtschaft grosse Kapitalien verloren. Auch sind bei der Lebensversicherung die Versicherten dauernd an dieselbe Anstalt gebunden, und sie können ohne die empfindlichsten Nachteile zu einer anderen nicht übergehen, ja sie müssen sogar, wenn sie auch zu der Anstalt kein Vertrauen mehr haben, ihr trotzdem fort und fort noch hohe Prämien zahlen. Und gelingt es ihnen wirklich, von ihrem bisherigen Versicherungsvertrage loszukommen, so werden sie wegen inzwischen vorgeschrittenen Alters oder wegen verschlechterter Gesundheit eine anderweitige Lebensversicherung überhaupt nicht mehr finden oder wenigstens nicht zu den alten Prämiensätzen. Bei den Aktiengesellschaften, welche Lebensversicherung betreiben, werden die Prämienreserven sehr bald viel höher sein als das Aktienkapital. Mit dem Zusammenbruch eines solchen Aktienunternehmens verliert der Aktionär vielleicht den Betrag seiner Aktie, also meist einen nur geringen Teil seines Vermögens. Der Versicherte büsst seine Spargroschen ein und damit sehr häufig alles, was er in seinem bisherigen Leben erübrigen konnte, um damit für sein Alter oder für den Fall seines Todes Sorge zu tragen. Giebt nun das Handelsgesetzbuch schon mannigfache Bestimmungen, um die Aktionäre vor Benachteiligungen zu schützen, so ist es doch in noch weit höherem Maasse Pflicht des Staates, die Versicherten vor Nachteilen zu bewahren. Es ist weiter zu erwägen, dass bei der Lebensversicherung — wie bereits angeführt wurde — die technischen Unterlagen die schwierigsten sind, so dass ihre richtige Be-

[1]) Emmighaus im Arbeiterfreund 37. Jahrg. 1. Vierteljahrsheft S. 6.

urteilung oft sogar für den Sachverständigen nicht leicht ist. Ähnlich wie bei der eigentlichen Lebensversicherung gestalten sich die Verhältnisse auch bei den dieser verwandten Versicherungsarten, vor allem auch bei der Unfallversicherung.

Betrachten wir nun die Sachversicherung.

Bei ihr liegen ja die Verhältnisse insofern etwas anders, als hier der Versicherte von dem Versicherungs-Vertrage, der ja der Regel nach höchstens einige Jahre läuft, leichter abkommen kann, und wie die Prämienzahlungen, die er leistet, erheblich geringer sind, wie bei der Lebensversicherung. Während aber — abgesehen von der allerdings glücklicherweise immer festere Wurzeln fassenden Volksversicherung — die Lebensversicherung ganz überwiegend von dem gebildeteren und geschäftsgewandteren Teile der Bevölkerung benutzt wird, ist die Sachversicherung, wenigstens in ihrem wichtigsten Zweige, der Feuerversicherung, an der ja jeder bebaute Fleck deutschen Bodens interessiert ist, Gemeingut aller Bevölkerungsklassen oder soll und muss es immer mehr werden. Freilich wäre hinsichtlich der Feuerversicherung staatliches Eingreifen nicht durchweg in gleichem Umfange nötig. Wo es sich z. B. um die Versicherung von Fabriken und grosser Warenvorräte handelt, da steht dem Versicherungsunternehmer meistens ein Grosskaufmann gegenüber, der sich die Kenntnis von der Solidität einer Assekuranz-Anstalt bis zu einem gewissen Grade selbst verschaffen kann. Dass aber derartige Feuerversicherungen von den übrigen getrennt gehalten werden, ist kaum durchführbar und bisher auch noch nicht durchgeführt worden. Sollte sich aber eine Anstalt aufthun, welche nur Risiken von beispielsweise mindestens einer Million in Versicherung nehmen würde, so läge allerdings u. E. zu einem staatlichen Eingreifen in ein solches Institut nur geringe Veranlassung vor. — Und was die Hagel- und Viehversicherung anlangt, so hat an ihr, wie wir sahen, gerade der weniger bemittelte Landwirt das grösste Interesse. Soll er, soll der sogenannte kleine Mann die Vertrauenswürdigkeit einer Versicherungsanstalt prüfen können? Der Staat kann unmöglich ruhig zusehen, dass seine weniger weltklugen und deshalb seines Schutzes besonders bedürftigen Unterthanen in gutem und auch in entschuldbarem Glauben jahrelang unter Entbehrungen Versicherungsanstalten ihr Vertrauen schenken und dann im Falle des Unglücks die Früchte ihrer Opfer nicht ernten und vielleicht der Verarmung anheimfallen.

Zu dem Gesagten kommt noch eins. Die »Lebensverhältnisse«, so schreibt Emminghaus [1]), »sind seit einigen Menschenaltern verwickelter, undurchsichtiger geworden, als sie früher waren, und die Menschen behalten in dem ewigen Hasten und Jagen nach ihren verschiedenen Zielen nicht mehr die Musse, über jeden einzelnen Schritt, der zu thun ist, erst ruhig nachzudenken.« Was hier Emminghaus im allgemeinen betont, passt in besonderer Weise auf das Versicherungswesen. Es wird der einzelne, der im Kampfe ums Dasein kaum zur Ruhe kommt, selbst wenn er hierzu imstande wäre, nur selten die nicht geringe Zeit finden, die schwierigen Grundlagen einer Versicherungsanstalt prüfen zu können, der er sich anvertrauen will.

Unter Berücksichtigung aller dieser Umstände kann es unseres Erachtens keinem Zweifel unterliegen, dass ein Staatswesen und — behalten wir immer unsere deutschen Verhältnisse im Auge — vor allem ein so kraftvolles, die Interessen seiner Unterthanen so nachhaltig vertretendes Staatswesen, wie dasjenige unseres Reiches, jedenfalls in die besprochenen Versicherungszweige eingreifen muss.

Elster [2]) nun, welcher bereits vor zwanzig Jahren sehr bemerkenswerte Vorschläge für die reichsgesetzliche Regelung des Assekuranzwesens gemacht hat und sich dabei auf den Boden des Publizitätssystems stellt, will ein Eingreifen des Staates in das Versicherungswesen dadurch weniger nachhaltig gestalten, dass er eine Kontrolle der Versicherungsanstalten durch das Publikum wünscht. Zu diesem Zwecke soll den Versicherten gesetzlich ein Einfluss auf den Geschäftsbetrieb der Assekuranz-Institute eingeräumt werden und zwar nicht nur bei den Gegenseitigkeitsgesellschaften, wo dieser ja an sich schon in der Natur der Rechtsform dieser Gesellschaften begründet ist, sondern vor allem auch bei den Aktiengesellschaften. Elster geht bei dieser Forderung von einem Satze

---

[1]) Im »Der Arbeiterfreund« 37. Jahrg. I. Vierteljahrsheft, Berlin 1899.
[2]) l. c. S. 113ff.

in dem Rundschreiben[1]) des Reichskanzlers vom 4. August 1879 aus, welcher lautet: »Es wäre vielleicht auf eine Gesellschaftsorganisation Gewicht zu legen, vermöge deren die Versicherten selbst in den Prämien — wie in den Gegenseitigkeits-Gesellschaften — einen Einfluss auf die Geschäftsführung gewinnen können.« Im Anschluss an diesen Satz schlägt Elster vor, dass den Versicherten nach Massgabe der Grösse der von ihnen versicherten Summe neben den Aktionären in der General-Versammlung Sitz und Stimme eingeräumt werde, dass eine bestimmte Anzahl der Mitglieder des Verwaltungs- und Aufsichtsrates aus der Mitte der Versicherten zu wählen sei, und dass endlich in die Revisionskommission mindestens ein Versicherter deputiert werden müsse. Es lässt sich nicht verkennen, dass diese Vorschläge ungemein viel für sich haben und in der That ein einschneidenderes Eingreifen des Staates in das Assekuranzwesen eventuell erübrigen würden. Trotzdem können wir ihnen nicht beipflichten. Wir sahen bereits oben (S. 8ff.), dass es bisher nicht gelungen ist, für die Gegenseitigkeitsgesellschaften, sei es nun in der Form einer Generalversammlung, sei es sonstwie, eine zweckmässige Vertretung der Versicherten zu finden. Was sich aber schon hier nicht erreichen lässt, wird sich noch schwerer bei den Aktiengesellschaften durchsetzen lassen. Wie soll beispielsweise bei der Gothaer, Leipziger, Stuttgarter oder Karlsruher Lebensversicherungsgesellschaft auf Gegenseitigkeit eine Generalversammlung der Versicherten zustande kommen, welche doch bei jeder dieser vier Gesellschaften über 50000 betragen, und welche über zahlreiche Länder zerstreut sind? Würden sie alle dem Rufe zur Versammlung Folge leisten, so könnte diese weder untergebracht noch geleitet werden. Wie die Erfahrungen auf anderen Gebieten lehren, werden nur diejenigen erscheinen, welche am Versammlungsorte oder in dessen Nähe ihren Wohn-

[1]) Unter dem 4. August 1879 erliess der Reichskanzler an die Landesregierungen ein Rundschreiben, in welchem die vornehmlich für die Regelung des Versicherungswesens in Betracht kommenden Punkte berührt und die Regierungen aufgefordert wurden, sie möchten die in jenem Schreiben berührten Fragen »einer geneigten Beurteilung unterziehen und zum Gegenstande einer Rückäusserung machen«. — Dieses Rundschreiben ist vielfach abgedruckt, so z. B. auch als Anlage bei Elster l. c.

sitz haben. Schon bei den Gegenseitigkeitsvereinen »fühlen sich die Versicherten mehr als Versicherte denn als Mitglieder des Vereins; sie haben in der Regel ein zu geringes Interesse, um Zeit und Geld behufs Wahrnehmung von Stimmrechten zu opfern.«[1]) Diese Erscheinungen werden aber bei den Aktiengesellschaften noch deutlicher hervortreten, da an deren Gedeihen die Versicherten lange nicht das gleiche Interesse haben, wie bei den Gegenseitigkeitsvereinen. Liegt mithin schon bei den Generalversammlungen der letzteren die Gewalt in einer ganz zufälligen, durch örtliche Verhältnisse bedingten, sehr geringen Minorität, so würde dies noch mehr der Fall sein bei den Generalversammlungen der Versicherten einer Aktiengesellschaft. Dabei kann es noch dahin gestellt bleiben, ob Emminghaus[2]) nicht Recht hat, wenn er in Bezug auf solche Generalversammlungen sagt: »ein einziger Streber, ein einziger Rabulist kann bisweilen der redlichsten Verwaltung das Leben sauer machen und ein grosses wohlbefestigtes Unternehmen mit seinen Anträgen und Umtrieben aufs Schwerste gefährden.«

Aber würde es selbst gelingen, irgendwie eine Vertretung der Versicherten zu finden, und wollte man auch das vorstehend wiedergegebene Emminghaus'sche Bedenken als unbegründet zurückweisen, so würde es sich noch fragen: wird es überhaupt möglich sein, Leute zu finden, welche bereit sind, sich in den in Frage kommenden Aufsichtsrat und dergleichen wählen zu lassen, und wird es überhaupt in genügender Anzahl Personen aus dem Kreise der Versicherten geben, welche die Fähigkeiten und die assekuranztechnischen Kenntnisse besitzen, um irgend welchen Einfluss auf den Geschäftsbetrieb einer Versicherungsanstalt ausüben zu können? Das letztere jedenfalls glauben wir nicht. Bei der fast beispiellosen Unwissenheit, die selbst in den sogenannten gebildeten Kreisen über das Versicherungswesen herrscht, wird es um so schwerer sein, Versicherte mit den erforderlichen Kenntnissen zu finden, als die Zahl der hierfür in Betracht kommenden Personen deshalb eine geringe sein dürfte, weil die zur Kontrolle erwählten Personen doch in der Nähe des Sitzes der Gesellschaft wohnen müssten. Hierzu

[1]) Erläuterungen zum Entwurf S. 73.

[2]) In Hirths Annalen 1880 S. 153.

kommt, dass gar keine Gewissheit dafür besteht, dass die etwa vorhandenen Personen mit assekuranztechnischen Kenntnissen auch wirklich gewählt würden. Es ist ja eine bekannte Thatsache, dass die weniger urteilsfähigen Menschen — und diese werden doch das Gros der projektierten Generalversammlung bilden — sehr oft nicht die Tüchtigsten wählen, sondern die grössten Schreier.

Wenn aber auch wirklich bei der einen oder anderen Aktiengesellschaft in den Aufsichtsrat oder in die vorgeschlagene Revisionskommission ein im Assekuranzwesen einigermassen Sachverständiger als Vertreter der Versicherten käme, er würde gegenüber den Aktionären und Direktoren der Gesellschaft eine recht schwierige und, wie wir glauben, eine recht machtlose Stellung haben. Wenige Aussetzungen an der Geschäftsleitung des Instituts werden ihm die heftigsten Angriffe und leicht die grössten Unannehmlichkeiten einbringen. Ob sich solchen jeder Versicherte aussetzen will, erscheint uns höchst zweifelhaft.

Endlich möchten wir noch auf etwas hinweisen. Würde man die Kontrolle über die Assekuranz-Institute gewissen aus Wahlen der Versicherten hervorgegangenen Personen überlassen, so würde sie nicht nur eine höchst buntscheckige sein, sondern auch eine von mannigfaltigen Zufälligkeiten abhängige; der eine wird sie gewissenhaft, der andere oberflächlich vornehmen. Und die Versicherten, die oft hunderte von Meilen vom Sitze der Gesellschaft entfernt wohnen, haben nicht die mindeste Garantie, dass über die Gesellschaften, denen sie ihr Vertrauen zugewendet haben, eine auch nur einigermassen ausreichende Kontrolle stattfindet.

Wir meinen deshalb: Der Staat darf sich nicht darauf beschränken, den Versicherten durch die Gesetzgebung einen Einfluss auf die Geschäftsleitung der Assekuranz-Institute einzuräumen. Mögen immerhin die Versicherten eine gewisse Kontrolle über die Assekuranzanstalten, denen sie sich anvertraut haben, ausüben, sei es nun, dass ihnen der Gesetzgeber eine solche zuweist, oder sei es, dass die Anstalten, wie das ja einzelne von ihnen gethan haben, freiwillig den Versicherungsnehmern Sitz und Stimme im Aufsichtsrat und bei der Verwaltung der Gesellschaft gewähren: jedenfalls ist diese Kontrolle ungenügend. Soll dieselbe eine nachhaltige sein — und das muss man jedenfalls in Bezug auf die Lebens-, Unfall-, Feuer-, Hagel- und Viehversicherung verlangen — so kann sie nur der Staat ausüben mittels Beamter, welche die erforderliche Sachkenntnis besitzen, und mittels der ihm und eigentlich nur ihm innewohnenden Autorität.

Eine andere Frage ist nun allerdings, inwieweit der Staat in die genannten Versicherungszweige eingreifen soll. Genügt die Aufstellung von Normativbestimmungen, oder ist Staatsaufsicht erforderlich, und, bei Bejahung der letzteren, ist auch Konzessionierung der Anstalten nötig oder nicht?

Unverkennbar haben Normativbestimmungen ihre Vorzüge. Durch sie werden die Versicherungsanstalten vor behördlicher »Willkür« geschützt und durch Personenwechsel in der Aufsichtsbehörde wenig berührt. Hierzu kommt, dass beim Bestehen von Normativbestimmungen die Verantwortung des Staates eine viel geringere ist; brechen dann Anstalten zusammen, so ist dies vorwiegend dem Gesetze, nicht der Aufsichtsbehörde zuzuschreiben. Trotzdem halten wir sie weder für zweckmässig noch für hinreichend. Das Versicherungswesen ist so vielseitig gestaltet, dass sich allgemeine, für alle Verhältnisse passende Normativbestimmungen nur sehr schwer aufstellen lassen, dass sie jedenfalls höchst formaler Natur und leicht geeignet wären, das Assekuranzwesen in seinem zeitgemässen Entwickelungsgange zu hemmen und die Einführung neuer Fortschritte bei ihm zu erschweren. Auch würden Normativbestimmungen die Abänderung des Gesetzes sehr oft notwendig machen. »Formale Normativbedingungen können auch«, so heisst es in Schmollers Jahrbüchern [1]), »niemals allen Verhältnissen gleich angepasst sein; sie werden, insbesondere soweit sie finanzielle Garantieen erfordern, für viele Fälle nicht weit genug, für andere Fälle aber zu weit gehen. Dann aber würde man das Aufkommen neuer Anstalten unnütz erschweren oder geradezu verhindern und dadurch den bestehenden Anstalten zu einem Monopol verhelfen, welches der Weiterentwickelung des Versicherungswesens gewiss nicht förderlich sein würde«. Normativvorschriften sind aber auch nicht genügend. Will der Staat wirklich seine

---

[1]) Jahrgang 1898 S. 863.

Unterthanen vor Schaden bewahren, so reicht es nicht hin, dass er die Einhaltung einiger formaler, durch das Gesetz bestimmter Vorschriften prüft, seine Prüfung muss vielmehr materieller Natur sein. Das Gründungskapital und der Gründungsfonds können nur geliehen sein; die als Gründer einer Anstalt nach aussen hin fungierenden Personen können nur Strohmänner sein, während die wirklichen Leiter derselben wenig vertrauenswürdige Personen sind, die in anderen Berufen Schiffbruch gelitten haben; eine auf den besten Grundlagen fundierte Anstalt kann durch die Untüchtigkeit und Unzuverlässigkeit ihrer Beamten im Laufe der Zeit unsolide werden u. s. w. Man wird daher nicht nur Erfüllung gewisser Normativvorschriften verlangen müssen, sondern wirkliche dauernde Staatsaufsicht mit Einschluss der Konzessionierung eines Versicherungsbetriebes, ja das letztere ist eigentlich nur ein Ausfluss der Staatsaufsicht. Wenn der Staat das Versicherungswesen überwachen soll, so ist es doch das Natürlichste, dass er von vornherein Anstalten, welche nicht die genügenden finanziellen Unterlagen nachweisen können oder von zweifelhaften Personen ins Leben gerufen werden sollen, die Eröffnung des Betriebes nicht gestattet, und dass er nicht abwartet, bis solche Anstalten in weiteren Kreisen Unheil anrichten, um dann erst einzuschreiten. Ein noch nicht begonnener Geschäftsbetrieb lässt sich leichter verbieten, als sich ein Assekuranzinstitut schliessen lässt, das bereits mannigfache Verträge abgeschlossen hat.

Was nun die zahlreichen von den Gegnern der Staatsaufsicht gegen diese ins Feld geführten Gründe anlangt, so ist auf dieselben folgendes zu erwidern:

Wenn gesagt wird, der Staat könne die Solidität einer Anstalt nicht prüfen, so spricht diese Behauptung erst recht für die Staatsaufsicht. Wenn der Staat, dem doch die nötigen technischen, volkswirtschaftlichen, juristischen Kräfte zur Verfügung stehen, die Vertrauenswürdigkeit einer Versicherungsanstalt nicht untersuchen kann, wie soll es dann der einzelne Mensch, wie der gewöhnliche Mann aus dem Volk?

Es wird dann eingewendet, mit der Konzessionierung und der Beaufsichtigung übernehme der Staat eine Garantie für die Gediegenheit einer Anstalt und halte das Publikum von eigener Prüfung ab. Zunächst trifft dieser Vorwurf, wenn auch nicht in gleich hohem Masse, auch das Normativsystem. Bei dem letzteren muss der Staat doch nachprüfen, ob die von ihm gesetzten Normen erfüllt sind. Schon in dieser Nachprüfung liegt, zumal in den Augen der weniger gebildeten Bevölkerungsklassen, eine gewisse, wenn auch weniger verantwortungsvolle, »Garantie« des Staates. Aber wir meinen, dass die Verantwortlichkeit des Staates entschieden weit überschätzt wird. Indem der Staat einer Anstalt die Genehmigung zur Eröffnung des Versicherungsbetriebes gestattet, sagt er nur: Die Unterlagen, auf welchen die genehmigte Anstalt aufgebaut ist, lassen erwarten, dass sie den Versprechungen, welche sie macht, völlig nachkommen wird. Und wenn der Staat eine Versicherungsanstalt überwacht und ihr den weiteren Geschäftsbetrieb nicht verbietet, so sagt er damit nur: Es liegt nichts vor, was die dauernde Solidität der Anstalt in Frage stellen könnte. — Mehr will und kann der Staat nicht garantieren; er kann nur einem unsoliden Geschäftsbetrieb nach Möglichkeit entgegentreten: eine absolute Garantie für den Erfolg dieser Thätigkeit trägt er nicht. Übrigens findet sich ähnliches auf zahlreichen anderen Gebieten. »Wie steht es denn mit der staatlichen Approbation der Ärzte, Apotheker, Hebammen, Notare und sonstiger Stellen, auf deren Sachkunde und Zuverlässigkeit das Publikum zur Vermeidung schwerer Nachteile sich verlassen muss? Trotz Prüfung und Approbation kommen auch bei diesen Stellen Missgriffe vor, aber niemals habe ich gehört, dass man für diese den Staat verantwortlich gemacht hätte, der die Konzession erteilt hat. Jede behördliche Thätigkeit kann nur das Mögliche prästieren; unberechenbare Zufälle liegen ebenso ausserhalb der Einwirkung der Behörden, wie die Möglichkeit von Irrtümern nicht ausgeschlossen bleibt«.[1])

Nach wie vor werden also trotz der Staatsaufsicht Anstalten zusammenbrechen, aber man wird sich sagen müssen: ohne solche würden noch mehr zusammenbrechen, indem schon das Vorhandensein einer obrigkeitlichen Prüfung geeignet ist, leichtfertige Gründungen zu verhindern. Die Verantwortung, welche der Staat durch die Aufsicht übernimmt, ist nicht gering, noch grösser ist sie aber, wenn er gar keine ausübt und sich nicht

[1]) C. v. W. in Schmollers Jahrbuch 1898 S. 864.

wenigstens bemüht, die Zahl der Katastrophen zu vermindern. — Was den Vorwurf anlangt, die Staatsaufsicht werde das Publikum zur teilweisen Aufgabe eigener Prüfung veranlassen, so wurde bereits erwähnt, dass eine Prüfung der technischen Einrichtungen einer Versicherungsanstalt für den Laien überhaupt meist unmöglich ist. Das Publikum wird daher bei Staatsaufsicht überwiegend nur eine derartige Prüfung unterlassen, die es ohne solche höchstens zum Scheine vornehmen kann. Wie aber der einzelne sich aus der grossen Zahl der approbierten Ärzte denjenigen aussucht, dem er besonderes Vertrauen entgegenbringt, so wird er aus der grossen Zahl der konzessionierten Versicherungsanstalten diejenige auswählen, die ihm zusagt, die seinen besonderen Verhältnissen am meisten entspricht. Er wird zu entscheiden haben, ob er lieber einer Aktiengesellschaft mit festen, oder einer Gegenseitigkeitsgesellschaft mit schwankenden Prämien beitreten will. Er wird neben der Aufsichtsbehörde darüber zu wachen haben, dass die leitenden Persönlichkeiten, welche an der Spitze einer Anstalt stehen, und deren Tüchtigkeit und Solidität die sichersten Stützen dauernder Blüte einer Anstalt sind, diese Eigenschaften besitzen und behalten.

Was endlich die Kontrolle des Assekuranzwesens durch die Konkurrenz anlangt, so ist diese nicht weither. »Wenn wirklich Konkurrenzanstalten Schäden aufdecken und nicht vielmehr im Interesse des Ansehens der Gesamtinstitution sie zu vertuschen suchen, so erfährt das grosse Publikum, welches die Fachblätter nicht liest, hiervon nichts oder zu spät, es wird nicht davor gewarnt, bei der zu Bedenken Anlass gebenden Anstalt weiter Versicherungen zu nehmen, und die Acquisiteure der Anstalten werden im übrigen schon dafür sorgen, dass die etwa vorhandenen Besprechungen der Verhältnisse denjenigen nicht bekannt werden, mit welchen sie wegen Eintritts in die Versicherung gerade in Verhandlung stehen«.[1])

Staatsaufsicht ist jedoch nicht allein aus Fürsorge für die Versicherten gut zu heissen, es muss eine solche auch aus mehrfachen Gründen im Interesse der Versicherungsanstalten als erwünscht erscheinen. Zunächst wird die Aufsichtsbehörde auch öfters in die Lage kommen, Versicherungsanstalten vor unberechtigten und chikanösen Angriffen und Verdächtigungen

---

[1]) C. v. W. l. c. S. 856.

des Publikums und der Konkurrenz zu schützen. Wie leicht kann es vorkommen und ist es auch bereits vorgekommen, dass böswillige Ausstreuungen gegen eine Anstalt in solchem Umfange erhoben worden sind, dass ihr durch das hierdurch erzeigte Misstrauen eine grosse Schädigung zugefügt worden ist. Hier kann es einem solchen Institute nur erwünscht sein, dass die Aufsichtsbehörde eine Untersuchung ihres Geschäftsstandes vornimmt, und dass die betreffende Anstalt hierbei alle jene Verdächtigungen entkräften kann. Aber auch nach einer anderen Richtung hin kommt eine sachliche Prüfung des Geschäftsbetriebes auch den Anstalten selbst zu Gute. Die Aufsichtsbehörde kann und wird leicht auf Übelstände stossen, von deren Vorhandensein und Tragweite die Aktionäre bezw. die Gesellschafter bei den Gegenseitigkeitsanstalten keine Ahnung hatten, und deren rechtzeitige Aufdeckung für sie von grösstem Nutzen ist. Indem endlich das Erfordernis der Konzessionierung das Aufkommen unsolider Unternehmungen im Keime erstickt, nützt es auch den gediegenen Anstalten, indem es verhindert, dass das so segensreiche Institut der Versicherung in Misskredit kommt. »Der Versicherungsbetrieb ist mehr, als irgend ein anderer Wirtschaftszweig, auf das Vertrauen der Bevölkerung angewiesen. Wird dieses Vertrauen getäuscht, so sind nicht nur die Getäuschten die Leidtragenden, und nicht blos die eine Anstalt, welche das Vertrauen verscherzt hat, ist die Geschädigte, sondern das gesamte Versicherungswesen leidet empfindliche Einbusse an Vertrauen. Darunter haben dann auch die soliden und gut verwalteten Anstalten, die an sich einer eingehenden staatlichen Kontrolle weniger bedürfen würden, zu leiden, ebenso aber auch die Bevölkerung, welche sich dann einschüchtern und davon abhalten lässt, die Vorteile der Versicherung sich nutzbar zu machen.«[1])

Sprechen somit schon die mannigfachsten Gründe für das Betriebsüberwachungssystem mit Einschluss der Konzessionspflicht, so kommt dem auch noch die historische Entwickelung in Deutschland zugute. Es ist ja nicht zu leugnen, dass die grossartige Entfaltung des deutschen Versicherungswesens in den letzten Jahrzehnten teilweise auf den wirtschaftlichen Auf-

[1]) Erläuterungen zum Entwurf S. 38.

schwung zurückzuführen ist, welchen unser Vaterland seit dem deutsch-französischen Kriege genommen hat, es ist auch nicht zu bestreiten, dass diese Entfaltung zum Teil auf die Reellität, Sicherheit und Billigkeit unserer meisten Versicherungsanstalten zurückzuführen ist, aber es muss auch zugegeben werden, dass sie zum Teil dem System der Staatsaufsicht zu verdanken ist. Das deutsche Publikum hat gerade infolge der letzteren den Versicherungsanstalten ein Vertrauen entgegengebracht, welches sie sonst nicht genossen hätten, und welches zur Vermehrung von Versicherungsabschlüssen nicht unwesentlich beigetragen hat.

Auch die Erfahrungen des Auslandes sprechen eher für eine strenge Beaufsichtigung des Assekuranzwesens wie für das Gegenteil. In Nord-Amerika hat sich dasselbe trotz der starken Staatsaufsicht, und obschon diese von teilweise nicht einwandfreien Beamten gehandhabt wird, ungeheuer entfaltet; ebenso hat sich in Österreich und in der Schweiz das Betriebsüberwachungssystem gut bewährt. Und wenn dann immer auf England hingewiesen wird, um Staatsaufsicht zu bekämpfen, da man in diesem Lande fast ohne solche auskommt und die Kontrolle über die Anstalten zum grössten Teile der Öffentlichkeit und den Versicherten überlässt, so beruht dies auf den eigentümlichen englischen Verhältnissen. Um sich für Staatsaufsicht zu erklären, braucht man wirklich nur die belgischen Assekuranz-Verhältnisse mit denen in der Schweiz zu vergleichen[1]). Dort besteht für das Versicherungswesen goldene Freiheit, aber auf diesem Boden entfaltet sich ein Gründungsschwindel, der zu den grössten Skandalen führt und geeignet ist, das Assekuranzwesen in seinem Ansehen und in seiner Entwickelung zu hemmen. In der Schweiz, also in einem urdemokratischen Staate, sehen wir strenge, dabei aber wohlwollende Staatsaufsicht, welche Ordnung in das Versicherungswesen bringt und das Vertrauen der Bevölkerung zu demselben hebt.

Auch die sämtlichen oben kurz besprochenen Entwürfe auswärtiger Staaten zwecks Regelung des Versicherungswesens sehen eine mehr oder minder starke Staatsaufsicht vor, seien

[1]) cfr. darüber die einzelnen Jahresberichte in Ehrenzweigs Assekuranzjahrbuch.

sie nun direkt auf dem Betriebsüberwachungssystem aufgebaut oder nicht.

Es liegt somit keine Veranlassung vor, an den Grundpfeilern zu rütteln, auf welchen unser deutsches Assekuranzwesen aufgebaut ist: an der Konzessionierung und Beaufsichtigung der Versicherungsanstalten.

§ 7.

Umfang der Staatsaufsicht.

Freilich kann die Staatsaufsicht eine mehr oder weniger einschneidende sein. Man kann die Befugnisse der Aufsichtsbehörde durch gesetzliche Schranken festlegen oder aber, man kann deren möglichst wenige ziehen, sodass in der Hauptsache das freie und verständige Ermessen der Aufsichtsbehörde entscheidet. Wir meinen: wer überhaupt einmal sich für Staatsaufsicht entscheidet, wird sie auch ziemlich weitgehend wünschen müssen.

Wenn es sich um politische Fragen handelt, wird es unter Umständen erwünscht sein, die Befugnisse einer Aufsichtsbehörde durch das Gesetz genau zu begrenzen, um so zu verhindern, dass sie etwa ihre Macht zu Ungunsten ihrer politischen Gegner missbrauche. Anders liegt die Sache bei wirtschaftlichen Fragen. Hier ist es meist am zweckmässigsten, das Walten einer Behörde möglichst wenig zu begrenzen, weil die wechselnden Bedürfnisse des täglichen Lebens berücksichtigt werden müssen. Feste Schranken können nur zu leicht zum Büreaukratismus führen, indem der Beamte sich an den Wortlaut des Gesetzes hält und ja auch halten muss, ungeachtet dessen, dass dies oft zu höchst unpraktischen Entscheidungen führt, die dem wirtschaftlichen Leben mehr Schaden wie Nutzen bringen. Und was von wirtschaftlichen Fragen im allgemeinen gilt, das gilt ganz besonders vom Versicherungswesen. Alle diejenigen Gründe, welche gegen Normativbedingungen geltend zu machen sind, sprechen auch dafür, die Staatsaufsicht durch einengende gesetzliche Vorschriften möglichst wenig zu beschränken. Gerade bei der Beaufsichtigung einer Einrichtung, die keine abgeschlossene Materie bildet, die vielmehr so in der Entwickelung begriffen, so den Bedürfnissen und Schwankungen des praktischen Lebens ausgesetzt ist wie das Assekuranzwesen, muss man dem freien Ermessen der Aufsichtsbehörde einen weiten Spielraum lassen, um es ihr zu ermöglichen, ihre Entscheidungen dem einzelnen Falle anzupassen, was sie sonst oft nicht wird thun können.

Ist es so schon vom praktischen Standpunkte aus erwünscht, die Befugnisse der Aufsichtsbehörde möglichst wenig einzuschränken, so empfiehlt sich das auch vom rein sachlichen Standpunkte aus.

Soll die Aufsicht nicht eine rein formelle sein, sondern wirklich materieller Art, soll sie keine Scheinaufsicht, sondern wirkliche Staatsaufsicht sein, so muss man die Aufsichtsbehörde mit grossen Machtvollkommenheiten ausstatten. Man muss immer erwägen: bei soliden gut fundierten und gut geleiteten Assekuranz-Instituten, zu denen bei uns ja glücklicherweise die meisten gehören, ist Staatsaufsicht mehr oder weniger überflüssig, bei ihnen sind die Versicherten geschützt, und die Gesellschaften kommen auch ihren Verpflichtungen gewissenhaft nach. Die Staatsaufsicht richtet sich hauptsächlich gegen unsolide und gewissenlose Versicherungs-Unternehmungen bezw. gegen Veranstaltungen, welche sich den Namen »Versicherung« beilegen, ohne es wirklich zu sein. Wenn jetzt in einzelnen deutschen Landesteilen, besonders in den Hansastädten, zahlreiche Versicherungsanstalten zusammenbrechen, so ist das zum guten Teile darauf zurückzuführen, dass in diesen Gebieten eine Staatsaufsicht überhaupt nicht besteht, oder dass sie zu gering ist. Häufig können derartige schwindelhafte Unternehmungen Jahre lang ihr Spiel treiben, und erst, wenn sie bereits in weiten Kreisen Unheil angerichtet haben, ist ihnen durch Einschreiten der Staatsanwaltschaft beizukommen. Hierin muss Wandel eintreten. Die Aufsichtsbehörde muss durchweg mit solchen Machtmitteln ausgestattet sein, dass sie unsoliden Unternehmungen rechtzeitig, womöglich schon bei ihrer Gründung, entgegentreten kann.

Wenn wir also bereit sind, der Aufsichtsbehörde über die Versicherungsanstalten weite diskretionäre Befugnisse einzuräumen, so müssen doch naturgemäss auch dafür Garantieen vorhanden sein, dass die Assekuranz-Institute nicht der »Willkür« der Behörde preisgegeben sind. Solche Garantieen erblicken wir einerseits in unseren deutschen politischen und wirtschaftlichen Verhältnissen im allgemeinen, und andererseits müssen sie ruhen in einer sachgemässen und vertrauenswürdigen Zusammensetzung der Aufsichtsbehörde und in einem wohlgeordneten Verfahren vor derselben.

Wir sehen die erwähnten Garantieen zunächst in den deutschen politischen und wirtschaftlichen Verhältnissen. Nach dieser Richtung hin dürfte folgende Erwägung Platz greifen:

1. Deutschland verfügt über einen Beamtenstand, wie er ehrenwerter und tüchtiger kaum in der Welt zu finden ist. In die Hände deutscher Beamten kann man weitreichende Machtbefugnisse legen. Die Versicherungsanstalten leugnen zwar nicht die Vortrefflichkeit unseres Beamtenmaterials, wenden aber ein, sie wollten erstens dem Büreaukratismus nicht in die Hände fallen, und dann könnten Beamte das Assekuranzwesen nicht gehörig beaufsichtigen, weil sie von diesem zu wenig verstünden. Was zunächt den Büreaukratismus anlangt, so wäre es thöricht, einen solchen ganz wegleugnen zu wollen, aber immerhin zeitigt derselbe seine üppigsten Triebe in den unteren Beamtenkörpern: je höher eine Behörde ist, desto weniger regiert sie vom »grünen Tisch« aus. Das wird man aber auch den Assekuranz-Instituten, und zwar entweder allen oder wenigstens den grösseren, entschieden zubilligen können, dass sie von einer obersten Reichsbehörde überwacht werden, sei es nun bald in erster oder wenigstens in letzter Instanz. Man kann wohl aber schwer bestreiten, dass unsere deutschen Reichsämter sich bisher fast gänzlich von büreaukratischen Neigungen freigehalten haben. Übrigens kann ja diesem Büreaukratismus auch dadurch gesteuert werden, dass man den Berufsbeamten Männer aus der Praxis als Sachverständige beigiebt. Der weitere Einwand, wir verfügten nicht über Beamten, die das Versicherungswesen beaufsichtigen könnten, erscheint uns ganz verfehlt. Wenn ein so kleines Land wie die Schweiz anerkannt tüchtige Beamten gefunden hat, welche die Assekuranz-Institute beaufsichtigen, so wird solches doch erst recht bei unserem grossen Reiche der Fall sein. Freilich muss zugegeben werden, dass augenblicklich das Versicherungswesen in den meisten Teilen Deutschlands völlig unzureichend beaufsichtigt wird. In Preussen versieht, wenn man die Ministerien,

wo die Sache ja anders steht, ausser acht lässt, das Dezernat für Assekuranzwesen in jedem Regierungsbezirk ein Mitglied dieser Regierung, das von der doch recht verwickelten Materie zuweilen recht wenig verstehen mag, und in den kleineren Bundesstaaten, wo irgend ein Ministerialbeamter gewöhnlich nebenher mit dem Dezernat betraut ist, steht es nicht anders. Dieser Zustand ist jedoch durch die gegebenen Verhältnisse bedingt. Von Jahr zu Jahr hiess es, das Reich wolle das Versicherungswesen gesetzlich regeln. Die einzelnen Bundesstaaten liessen daher stets alles beim alten, ohne der wachsenden Bedeutung des Assekuranzwesens Rechnung zu tragen, weil sie immer annehmen konnten, dieses würde ihrer Aufsicht entzogen werden. Wenn aber diese erst das Reich übernommen haben wird, so kann es doch keinem Zweifel unterliegen, dass es auch imstande sein wird, die nötigen und mit der erforderlichen Sachkunde ausgestatteten Beamten heranzubilden, wobei ruhig zugegeben werden kann, dass es für den Anfang vielleicht nicht leicht sein wird, die erforderliche Zahl von Beamten zur Verfügung zu haben, zumal gerade für diesen die Arbeitslast der betreffenden Aufsichtsbehörde eine sehr umfangreiche sein wird. Aber dieser Zustand wird doch nur ein vorübergehender sein. — Übrigens hat Preussen gerade in der jüngsten Zeit dem Assekuranzwesen durch Schaffung des »Versicherungsbeirates«[1]), des in Göttingen errichteten »Königlichen Seminars für Versicherungswissenschaft«[2]) und durch An-

[1]) Der preuss. Versicherungsbeirat ist durch gemeinschaftlichen Erlass der Minister für Landwirtschaft, des Innern und für Handel und Gewerbe vom 13. Oktober 1896 gebildet worden. Er besteht aus Sachverständigen des Versicherungswesens, und zwar nicht nur aus preussischen, sondern auch ausserpreussischen Mitgliedern. Er hat über alle ihm von den Ressortministern überwiesenen Angelegenheiten sein Gutachten abzugeben, kann in Versicherungssachen an den Ressortminister Anträge stellen u. s. w. Er hat für die einzelnen Zweige des Assekuranzwesens sieben Ausschüsse gebildet, die auch ausserhalb der Sitzungen der Hauptversammlungen um ihr Gutachten angegangen werden können.

[2]) Dieses Seminar ist ebenfalls 1896 ins Leben gerufen worden. Es soll Gelegenheit zu einer gründlichen wissenschaftlichen Ausbildung für Versicherungswesen bieten. Es ist berechtigt, Prüfungen abzuhalten und Diplome auszustellen. Der Prüfung kann sich derjenige unterziehen, welcher dem Seminar mindestens zwei Semester als ordentliches Mitglied angehört hat. Die Prüfung zerfällt in

stellung von Versicherungstechnikern [1]) seine Fürsorge entgegengebracht.

2. Zweitens erblicken wir einen Schutz gegen Übergriffe der Aufsichtsbehörde in dem Vorhandensein des Deutschen Reichstages. Wenn das Versicherungswesen der unmittelbaren Aufsicht des Reiches unterstellt wird, so bedarf der Etat der betreffenden Aufsichtsbehörde der Genehmigung des Reichstages. Dieser wird dann ganz gewiss seine gewichtige Stimme erheben, wenn jene Behörde die Versicherungsanstalten »willkürlich« behandeln würde.

3. Weiterhin werden sich auch die Assekuranz-Institute selbst vor einer etwaigen Willkür der Aufsichtsbehörde zu schützen wissen. Sie sind ja doch keine schwachen unorganisierten Einrichtungen. An ihrer Spitze stehen meist hervorragende Privat-Beamte, sie bilden unter sich mächtige Verbände, sie verfügen über eine zahlreiche Fachpresse, die eine recht kräftige Sprache führt. Und wie bisher unsere Versicherungsanstalten, wenn sie sich in ihrem Rechte verletzt oder gefährdet glaubten, nicht nur ihre, sondern auch die politische Presse in Bewegung zu setzen vermochten und auch häufig — was ihnen auch keineswegs zum Vorwurf gemacht werden soll — alsbald mit ausführlich begründeten Petitionen an die gesetzgebenden Körperschaften bei der Hand waren, so werden sie auch weiterhin ihre Rechte wohl zu wahren wissen.

4. Endlich bleibt zu berücksichtigen, dass es sich, zumal wenn man von ausländischen Versicherungsanstalten absieht, beim Assekuranzwesen um rein wirtschaftliche, nicht um politische Fragen handelt. Die Beaufsichtigung eines Gebietes des Wirtschaftslebens kann aber in einem Reiche, das auf so hoher Kulturstufe steht, wie das deutsche, unmöglich dauernd

---

eine solche für Bewerber der administrativen und für Bewerber der mathematischen Klasse. cfr. auch Näheres über dieses Seminar in der Zeitschrift für Versicherungsrecht und -Wissenschaft Bd. 4 S. 951 ff. Die vom preuss. Minister des Innern vom 27. Juli 1896 erlassene Prüfungsordnung ist bei Masius Rundschau Bd. 8 (1896) S. 280 ff. abgedruckt.

[1]) Allerh. Erlass vom 28. September 1897 betreffend die Einrichtung von Stellen für versicherungstechnische Beamte im Ressort des Ministeriums des Innern. — Auch im Reichsamt des Innern ist ein versicherungstechnischer Beamter angestellt worden.

von Gesichtspunkten aus geschehen, die mit der Volksanschauung in Widerspruch stehen. Sollte daher wirklich die Aufsichtsbehörde wiederholt Entscheidungen treffen, welche sich als Missbräuche ihrer diskretionären Befugnisse darstellen, so würde die Wucht der öffentlichen Meinung bald Wandel schaffen.

Die sicherste Garantie aber, um die Assekuranz-Institute vor der Willkür der Aufsichtsbehörde zu schützen, muss in einer vertrauenswürdigen Zusammensetzung der letzteren und in einem wohlgeordneten Verfahren vor derselben liegen. Über diese Punkte wollen wir uns im Anschluss an die nach dieser Richtung hin vom Entwurf gemachten Vorschläge äussern.

§ 8.

Wirkungskreis eines Reichsversicherungsgesetzes.

Bei der Prüfung der Frage, welchen Wirkungskreis ein Reichsversicherungsgesetz haben müsse, dürfte es sich vorwiegend um vier Punkte handeln. Soll es erstens alle Versicherungszweige in gleicher Weise umfassen, soll es zweitens für alle Betriebsformen gelten, in welchen Versicherungsgeschäfte betrieben werden oder betrieben werden können, soll es drittens sich auch auf die kleinen Assekuranz-Institute erstrecken, und soll es viertens auch die öffentlichen Versicherungsanstalten in sein Bereich ziehen und dabei das Feld der öffentlichen gegen die privaten Assekuranz-Institute abstecken? Diese vier Punkte wollen wir einzeln durchgehen.

I. Soll das Reichsversicherungsgesetz alle Assekuranzzweige in gleicher Weise umfassen? — Im § 6 haben wir als diejenigen Zweige des Versicherungswesens, in welche der Staat eingehender einzugreifen hätte, die Lebens-, Unfall-, Feuer-, Hagel- und Viehversicherung bezeichnet. Naturgemäss kann man die Grenze derjenigen Assekuranzarten, welche der Staat zu beaufsichtigen hat, weiter ziehen und ihr noch andere Versicherungszweige, z. B. die Haftpflichtversicherung, einverleiben. Uns jedoch erscheint dies nicht notwendig, weil hierfür, wenigstens unter den gegenwärtigen volkswirtschaftlichen Verhältnissen, kein genügendes öffentliches Interesse vorhanden ist.

Alle übrigen Versicherungszweige haben, wenn wir zunächst von der Transport- und Rückversicherung absehen, was wenigstens Deutschland anlangt, entweder eine minder erhebliche praktische Bedeutung erlangt, oder aber, und das ist das wichtigste, es stehen bei ihnen nur unbedeutendere volkswirtschaftliche Interessen auf dem Spiele, die der staatlichen Fürsorge weniger bedürftig sind, oder endlich es gehören bei ihnen die Versicherten ganz überwiegend Volkskreisen an, für welche staatlicher Schutz nicht so erforderlich ist, die vielmehr für sich selbst zu sorgen imstande sind. Was sodann die Transportversicherung betrifft, so ist zu erwägen, dass ein geschäftskundiger Kaufmann so viel Verständnis besitzt, um seine schwimmenden und rollenden Güter nur bei zuverlässigen Anstalten zu versichern. Bei ihr handelt es sich eben »um ein Publikum, das, mit intimster Sachkunde ausgestattet, die Vorteile eines reichen internationalen Angebots auszunutzen versteht. Hier hat man es mit einem Geschäftszweige zu thun, der in keiner Beziehung für eine Beaufsichtigung die notwendige Unterlage bietet, sondern um eine Branche, bei der allein kaufmännische Erfahrung, Sachkunde und Gewandtheit den Erfolg versprechen, alles Eigenschaften, die eine Aufsichtsbehörde nicht kontrollieren kann.« [1]) Endlich bei der Rückversicherung sind die Versicherungsnehmer die Versicherungsanstalten selbst, und diese werden sich schon vor Schaden zu schützen wissen, da sie selbst genau, wahrscheinlich besser als die Aufsichtsbehörde, beurteilen können, ob eine Rückversicherungsanstalt solide ist oder nicht. Man kann es für ausgeschlossen erachten, dass eine Assekuranz-Gesellschaft einen Rückversicherungsvertrag abschliessen wird, ohne sich über die Gediegenheit ihres Vertragskontrahenten eingehend zu orientieren. Für alle Versicherungszweige, ausser der Lebens-, Unfall-, Feuer-, Hagel- und Viehversicherung, dürften daher gesetzliche Vorschriften über gewisse Publikationen genügen, so vor allem die Veröffentlichung des Geschäftsplanes und der Jahresabschlüsse, aus welchen wenigstens der Sachverständige sich ein Bild über den Stand der Assekuranzanstalt machen kann.

Auf dem Standpunkte, dass der Staat in die einzelnen

---

[1]) Ritter auf dem 25. deutschen Handelstage. cfr. diese Verhandlungen S. 7.

Versicherungszweige nicht in gleichem Umfange einzugreifen brauche, stand übrigens auch das bereits genannte Rundschreiben des Reichskanzlers vom 4. August 1879. Dort heisst es: »Es dürften im Bereiche des Verwaltungsrechtes noch Einschränkungen zu machen sein, indem nur diejenigen Zweige des Versicherungsgeschäfts berücksichtigt werden, in Ansehung derer die allgemeinen wirtschaftlichen Interessen eine gleichmässige Ordnung wirklich erheischen. ..... Es würde von diesem Gesichtspunkte aus kein Anlass vorliegen, die See-, die Transport- und die Rückversicherung — von untergeordneten Versicherungszweigen ganz abgesehen — in die gesetzliche Regelung weiter hineinzuziehen, als etwa nötig ist, um die in Ansehung des Geschäftsbeginnes und Geschäftsbetriebes landesrechtlich bestehenden, sehr verschiedenen und deshalb dem Geschäftsverkehre hinderlichen Beschränkungen zu beseitigen.«

Sehen wir uns nun noch im einzelnen die Gründe an, welche dafür geltend gemacht werden, um sämtliche Versicherungszweige staatlicher Beaufsichtigung zu unterwerfen und sie in das in Aussicht genommene Reichsgesetz hineinzuziehen.

Zunächst wird gesagt, entgegengesetzten Falles würde »künftighin für das Versicherungswesen in unliebsamer Weise Landrecht neben Reichsrecht fortbestehen.«[1] Dieser Grund ist nicht stichhaltig. Ist man einmal der Ansicht, nur einzelne volkswirtschaftlich besonders wichtige Zweige bedürfen der Staatsaufsicht, so kann doch das Nebeneinanderbestehen zweier Rechte, also ein rein formaler Grund, nicht dazu führen, zahlreiche Versicherungsanstalten, für welche Staatsaufsicht nicht nötig ist, dieser zu unterstellen. Sodann aber braucht gar nicht Reichsrecht neben Landrecht fortzubestehen. Das Reich müsste eben die Materie »Versicherungswesen« erschöpfend regeln, und zwar in der Weise, dass es für alle Assekuranzzweige gewisse Publikationen vorschreibt und ausserdem einzelne Zweige seiner Aufsicht unterstellt. Geht es so vor, so würden, was eventuell im Gesetze besonders zum

[1]) Erläuterungen zum Entwurf S. 51. — In den Erläuterungen ist die Hervorkehrung dieses Grundes um so auffälliger, als nach dem Entwurf, wie wir noch sehen werden, für die öffentlichen Anstalten auch weiterhin das Landrecht Geltung haben soll. Rücksichtlich dieser scheint mithin das Fortbestehen von Landesrecht neben Reichsrecht nicht so unliebsam zu sein.

Ausdruck zu bringen wäre, die Einzelstaaten gar nicht mehr dazu befugt sein, ihrerseits hinsichtlich der öffentlich-rechtlichen Seite des Assekuranzwesens irgend welche gesetzlichen Vorschriften zu erlassen.

Sodann wird gesagt, es sei nicht zu verkennen, dass eine Reihe von Versicherungszweigen bei Beginn oft höchst problematisch seien, die sich aber doch an das grosse, nicht sachverständige Publikum zu wenden gezwungen seien, und dass auf diesem Gebiete grosse Gefahren bestünden, die man nur im Wege der Aufsicht bekämpfen könne.« [1]) Hierauf ist folgendes zu erwidern: Zunächst kommt es nur selten vor, dass sich andere als die mehrfach einzeln aufgeführten Assekuranzzweige an das »grosse, nicht sachverständige Publikum« richten bezw., dass sie von diesem benutzt werden. Das zeigt sich schon daraus, dass alle übrigen Versicherungszweige, abgesehen von der Transport- und Rückversicherung, bei uns noch sehr wenig entwickelt sind. Im übrigen aber wenden sich zahlreiche Gewerbebetriebe an ein nicht sachverständiges Publikum, ohne dass der Staat dabei eingreift. Erleidet dann jemand bei einem derartigen Versicherungsgeschäft Schaden, so passiert ihm nur das, was einem jeden bei einem Geschäftsabschluss passieren kann. Ein solcher Schaden wird ihn aber nur in den seltensten Fällen wirtschaftlich ruinieren, wie das leicht vorkommen kann, wenn eine Versicherungsanstalt, welche für die mehrfach genannten fünf Zweige besteht, bei eintretendem Unglücksfall ihren Verpflichtungen nicht nachkommt.

Drittens wird folgendes gesagt: »Es müsse im Wege der Konzessionsprüfung festgestellt werden, welche Versicherungsarten sich überhaupt zum geschäftsmässigen Betriebe eignen. Es wäre denkbar, dass geradezu gegen die guten Sitten verstossende Versicherungsmethoden versucht würden, und dass die Ziele, die sich die Strafgesetzgebung zur Aufgabe stellen müsse, durch Versicherungszweige kontrekarriert würden.« [1]) Diesen Ausführungen müssen wir beitreten. Es wäre allerdings leicht möglich, dass bei völliger Freiheit des Assekuranzwesens Versicherungsanstalten entstünden, welche sich mit dem

[1]) Gruner, auf dem 25. Deutschen Handelstage S. 14.

Rechts- und Sittlichkeitsgefühl in Widerspruch befinden. Nehmen wir z. B. an, zahlreiche Schmuggler schlössen sich zusammen, um den Schaden zu ersetzen, welcher dem einzelnen aus Zolldefraudationen erwächst, oder es bildete sich eine Aktiengesellschaft oder ein Gegenseitigkeitsverein zwecks Ersatz der den einzelnen etwa treffenden Geldstrafen. Denken wir hierbei an einen ganz gelinden Fall: Die Redakteure aller oder der einer Bestrafung am meisten ausgesetzten Zeitungen würden zu diesem Zwecke zusammentreten. Es liegt auf der Hand, dass der Staat dies nicht zugeben kann. Laeisz [1] sagt nun, »er meine, dass es dem Gesetzgeber möglich sei, ohne ein Versicherungsgesetz zu verhüten, dass Verträge abgeschlossen werden, die gegen die guten Sitten verstossen.« So einfach erscheint uns die Sache nicht. Wir wüssten keine bestehende gesetzliche Bestimmung, welche ein Einschreiten gegen die vorgedachten Versicherungsanstalten ermöglichen würde, falls eine Konzessionierung nicht nötig wäre. Würde freilich gegen ein solches Assekuranzinstitut im Schadensfalle geklagt werden, so würde diese Klage allerdings der Abweisung unterliegen, da ihr ein unsittlicher Vertrag zu Grunde liegen würde. Aber die meisten Rechtsverhältnisse spielen sich doch ohne Prozess ab, und es könnte demnach eine solche unsittliche Versicherungsanstalt recht wohl gedeihen. Um dies zu verhindern, würde es jedoch u. E. nicht nötig sein, alle Assekuranzinstitute einer weitgehenden Staatsaufsicht zu unterwerfen. Es würde vollständig genügen, wenn das Gesetz vorschriebe, alle Versicherungsanstalten hätten vor der Geschäftseröffnung den Gesellschaftsvertrag oder die Satzung der Aufsichtsbehörde einzureichen. Abgesehen von den fünf mehrfach genannten Versicherungszweigen, hätte diese jedoch nur zu prüfen, ob ein Verstoss gegen die guten Sitten oder auch etwa gegen das Gemeindewohl vorläge, während sie sich im übrigen weder bei der Gründung noch später in diese Assekuranzzweige zu mischen hätte.

Endlich wird für die Einziehung sämtlicher Versicherungszweige in das Gesetz noch folgendes geltend gemacht. Wollte man unterscheiden zwischen gewissen Versicherungszweigen,

---

[1] Laeisz auf dem 25. Deutschen Handelstage S. 16.

die der Staatsaufsicht unterliegen, und zwischen anderen, welche einer solchen nicht unterworfen werden, so müsste man zwei Gesetze für die Gegenseitigkeitsanstalten schaffen, eins für Vereine, welche der Konzessionspflicht unterliegen, und ein anderes für solche Versicherungsvereine, welche nicht der Aufsicht unterliegen[1]). Es wird hier also ebenso, wie oben bei dem Nebeneinanderbestehen von Reichs- und Landesrecht, ein formeller Grund geltend gemacht, um dem Staat Aufgaben aufzubürden, die er nicht übernehmen sollte. Das ist auch hier zu verwerfen. Ausserdem wäre es aber auch höchst ungerecht, deshalb, weil für die gesetzliche Regelung der Gegenseitigkeitsvereine eventuell zwei Gesetze notwendig werden würden, auch die Aktiengesellschaften büssen zu lassen und sie einer an sich nicht erforderlichen Staatsaufsicht zu unterstellen. Auch dürfte es gar nicht notwendig sein, zwei Gesetze zu schaffen. Man könnte doch auch ein einziges Gesetz geben, welches zunächst die für alle Gegenseitigkeitsvereine giltigen Bestimmungen enthielte und dann in einem anderen Abschnitt diejenigen, welche ausserdem noch für die fünf wiederholt aufgeführten Versicherungszweige Geltung haben sollen.

Freilich kann es im Laufe der Zeit bei veränderten volkswirtschaftlichen Verhältnissen erwünscht werden, weitere Assekuranzarten in das Gesetz hineinzuziehen. Nehmen wir z. B. an, die Versicherung von Grundstücken und Mobilien gegen die Gefahr der Überschwemmung würde sich derartig entwickeln, dass sich ihr weite Kreise mit Einschluss des sogenannten kleinen Mannes zuwenden würden. Dann könnte allerdings aus allen den Gründen, welche eine Staatsaufsicht für die jetzigen Hauptzweige der Assekuranz erwünscht erscheinen lassen, es auch die Pflicht des Staates werden, dieser neu emporgekommenen Versicherungsart seine Fürsorge entgegenzubringen und sie in das Gesetz hineinzuziehen. Es würde sich daher empfehlen, in letzteres eine Bestimmung aufzunehmen, dass durch Beschluss des Bundesrats, vorbehaltlich der Genehmigung des nächstfolgenden Reichstages, die Beaufsichtigung des Reiches auch auf andere als die zunächst im Ge-

---

[1]) cfr. Gruner, auf dem 25. Deutschen Handelstage S. 14, und Erläuterungen zum Entwurf S. 51.

setz namentlich aufgeführten Versicherungszweige ausgedehnt werden kann.

II. Soll das Reichsversicherungsgesetz für alle Betriebsformen gelten, in welchen Assekuranzgeschäfte betrieben werden und betrieben werden können? — In dem mehrfach erwähnten Rundschreiben des Reichskanzlers heisst es, dass in dem Gesetze nur solche Formen der Versicherungsunternehmungen geregelt werden sollten, »welche nach der Entwickelung des Versicherungswesens in Deutschland eine praktische Bedeutung erlangt haben. Es werden Versicherungsunternehmungen jeder Art, soweit sie durch einen einzelnen Gewerbetreibenden oder durch einfache Handelsgesellschaften betrieben werden, aus der gesetzlichen Behandlung auszuscheiden sein«. Auch Emminghaus ist damit einverstanden, dass von dem projektierten Reichsgesetze gewisse Betriebsformen ausgenommen werden[1]). Wir können dem nicht beitreten. Man könnte allerdings sagen, es sei nicht Aufgabe des Gesetzgebers, denjenigen noch besonders zu schützen, der einem Einzelversicherer oder einem solchen Unternehmer sein Vertrauen schenkt, das vorwiegend auf persönlich haftenden Gesellschaftern aufgebant ist. (Offene Handelsgesellschaft, Kommanditgesellschaft auf Aktien.) Die Solidität einer Aktiengesellschaft oder eines Gegenseitigkeitsvereines kann, so könnte man argumentieren, jemand nur schwer nachprüfen; ob aber Einzelpersonen vertrauenswürdig sind, darüber kann sich jeder allein vergewissern. »Wer einem Einzelunternehmer« — so äussert sich die Handelskammer in Hamburg[2]) — »sein Vertrauen schenkt, verdient und will den Schutz nicht, unter den ihn der Gesetzgeber stellen möchte. Auch leidet der Geschäftsbetrieb eines Einzelkaufmanns noch weniger polizeiliche Eingriffe, als derjenige von Gesellschaftsunternehmungen.« In ähnlicher Weise sprach sich auch Ritter auf dem 25. Deutschen Handelstage aus[3]). Demgegenüber ist zu erwidern, dass das grosse Publikum, ja selbst zahlreiche gebildete Leute gar nicht wissen, dass eine Kommanditgesellschaft oder gar eine Kommanditgesellschaft auf Aktien hauptsächlich auf der persönlichen Haftung einer oder mehrerer

[1]) In Hirts Annalen Jahrg. 1880 S. 142.

[2]) In ihrer Erklärung zum Entwurf S. 6.

[3]) cfr. dessen Verhandlungen S. 7.

Personen beruht. Weiterhin ist aber zu berücksichtigen, dass, falls nicht alle Betriebsformen dem Gesetze unterstellt werden, der Verkehr sehr leicht Mittel und Wege finden könnte, dasselbe zu umgehen. Es würden wohl häufig Assekuranzanstalten, die in Wahrheit nicht auf persönlich haftenden Gesellschaftern aufgebaut sind, formell unter der Flagge von solchen, vor allem der Kommanditgesellschaften auf Aktien, sich aufthun, um auf diese Weise dem Konzessions- und Beaufsichtigungszwange zu entgehen. Aber, abgesehen von solchen Gesetzesumgehungen, würde die Freilassung der auf der persönlichen Haftung von einer oder mehreren Personen beruhenden Betriebsformen bewirken, dass das Versicherungswesen mehr wie bisher sich diesen Betriebsformen zuwendet. Das wäre unerwünscht, da das Assekuranzwesen für solche Betriebe nicht geeignet ist. Natürliche Personen sind sterblich, bei dem Assekuranzgeschäft mit seinen oft langfristigen Risiken sind daher Institute zweckmässiger, die unabhängig von dem Leben des einzelnen sind. Hierzu kommt, dass einzelne Personen auch nur selten die für das Assekuranzwesen nötige Kapitalssicherheit bieten. Man wird daher nicht nur fordern müssen, dass alle Betriebsformen, in welchen auch immer das Versicherungswesen betrieben wird, dem Gesetze unterstellt werden, man wird sogar das weitere Verlangen erheben müssen, dass wenigstens für die wichtigsten Versicherungszweige nur die Form der Aktiengesellschaft und der Vereine auf Gegenseitigkeit statthaft sein soll.

III. Soll sich das Reichsversicherungsgesetz auch auf die kleinen Assekuranzinstitute erstrecken? — In dem Reichskanzleischreiben vom 4. Aug. 1897 heisst es: »Dabei bleibt noch die Frage offen, inwieweit ein Bedürfnis vorliegt, diejenigen Unternehmungen auf Gegenseitigkeit dem Gesetz zu unterstellen, welche nur einen ganz beschränkten örtlichen Geschäftskreis haben und namentlich zur Unterstützung im Krankheits- oder Todesfall (Kranken-, Sterbe-, Wittwen-, Aussteuer-, Versorgungskassen) oder für Schaden im landwirtschaftlichen Kleinbetriebe (Viehladen, Kuhgilden, Bauernvereine) bestehen.« Wir können einen etwaigen Ausschluss der kleinen Versicherungsgesellschaften aus dem Gesetze nicht billigen, obschon noch neuerdings Bödiker[1]) für denselben eingetreten ist. Erblickt man

[1]) In Schmollers Forschungen, l. c. S. 48.

den Hauptzweck einer reichsgesetzlichen Regelung des Assekuranzwesens auf dem Boden des Betriebsüberwachungssystems darin, die Versicherten vor Schaden zu bewahren, so darf man nicht die kleinen und kleinsten Gegenseitigkeitsvereine von jener Gesetzgebung ausnehmen. Gerade die grossen Anstalten sind meistens so vollkommen eingerichtet, wie es nach Lage der heutigen Wissenschaft und Technik überhaupt möglich ist, und es werden daher bei ihnen die Versicherten im allgemeinen vor Schaden bewahrt bleiben. Anders liegen sehr oft die Verhältnisse bei den kleinen Versicherungsunternehmungen. Sie gewähren teilweise weder in finanzieller noch in technischer Hinsicht die Garantie genügender Sicherheit und Dauerhaftigkeit. Das hängt damit zusammen, dass sie sehr oft ohne hinreichende Sachkunde und von Personen ins Leben gerufen werden, die sich durch Übernahme des »Direktoriums« eines solchen Gegenseitigkeitsvereins auf Kosten der Thorheit ihrer Mitgenossen einen bequemen Lebensunterhalt verschaffen oder sich gar bereichern wollen. Und man wird Emminghaus[1]) beitreten müssen, wenn er schreibt: »Meist liegt in der engen Begrenzung ihres Wirkungskreises gerade die Hauptgefahr für derartige Unternehmungen. Leicht wirkt ein gewisser Lokalpatriotismus verführerisch und ein einziger guter Name blendend auf das Publikum.« Es dürfte wohl auch keinem Zweifel unterliegen, dass bisher gerade unter der Form von kleinen Gegenseitigkeitsvereinen die schwindelhaftesten Unternehmungen bestanden' wie denn auch unter den zusammengebrochenen Versicherungsanstalten sich unverhältnismässig viel kleinere befanden.

Eine andere Frage ist dann allerdings, ob man nicht an diese kleinen Gegenseitigkeitsvereine, da sie für minder grosse Verhältnisse bestimmt sind, in manchen Beziehungen geringere Anforderungen stellen, und ob man sie nicht statt der Reichs- der Landes-Aufsicht unterstellen kann.

IV. Soll das Reichsversicherungsgesetz auch die öffentlichen Versicherungsanstalten in sein Bereich ziehen? Soll es überhaupt das Arbeitsfeld der öffentlichen gegen das der privaten Assekuranzinstitute abstecken? — Die erste Frage beantworten wir mit ja, die letztere mit nein. Bleiben wir zunächst

[1]) In Hirths Annalen Jahrg. 1880 S. 143.

bei der letzteren stehen. Man kann ein entschiedener Gegner der Verstaatlichung des Versicherungswesens sein, und man wird doch zugeben müssen, dass unter Umständen die Errichtung öffentlicher Anstalten eine dringende Notwendigkeit ist. So war es z. B. ganz richtig, dass Bayern vor einigen Jahren eine staatliche Landes-Hagel-Versicherungsanstalt gründete. In Bayern, wo der auf eine Flächeneinheit versicherungsbedürftigen Landes entfallende Hagelschaden etwa doppelt so gross ist, als in Preussen, wollten die Versicherungsanstalten entweder gar nicht oder nur gegen sehr hohe Prämien Versicherungen übernehmen, und es waren dort auch vor allem die Leistungen der einheimischen Anstalt des »Hagelversicherungsvereins für Bayern« ungenügend [1]). Wie es daher in diesem Falle ganz gerechtfertigt war, dass der Staat sich der Hagelversicherung annahm, so muss auch künftighin die Möglichkeit für die Errichtung öffentlicher Versicherungsanstalten offen bleiben. »Die Entscheidung darüber, wie weit zur geeigneten Befriedigung des Versicherungsbedürfnisses und zur Erreichung des Versicherungszweckes öffentliche Anstalten ins Leben zu rufen sind, bildet bei der Verschiedenheit der in Betracht kommenden örtlichen Verhältnisse mit Recht eine wichtige Aufgabe der Landesverwaltung in den Einzelstaaten, und hierbei wird es auch ferner sein Bewenden haben müssen.« [2]) Wenn so einerseits das Arbeitsfeld der öffentlichen nicht gegen das der privaten Assekuranzanstalten abgegrenzt werden kann, so müssen andrerseits, im Gegensatz zu dem wiederholt genannten Reichskanzlerschreiben, welches annimmt, für eine Hineinziehung der öffentlichen Anstalten in das Reichsgesetz »dürfte ein Anlass im allgemeinen nicht vorliegen«, auch diese der Reichsgesetzgebung unterstellt werden Sehen wir uns einmal die Gründe an, welche für den Ausschluss dieser Institute geltend gemacht werden. »Da sie unter behördlicher Verwaltung und staatlicher Aufsicht stehen, besteht zu einer anderweitigen Überwachung kein Bedürfnis. Jede Änderung in dieser Richtung würde mit Recht als unliebsamer und unge-

[1]) cfr. hierüber v. Thünen in Ehrenzweig, Assekuranzjahrbuch Bd. 18 Abt. II S. 145.

[2]) Erläuterungen zum Entwurf S. 36.

rechtfertigter Eingriff in die Behördezuständigkeit empfunden werden. Die Versicherten erscheinen bei diesen Anstalten in keiner Weise gefährdet; für die Verwaltungen sind lediglich Rücksichten des Gemeinwohls massgebend, jedes Interesse an einem unsoliden Geschäftsbetrieb, insbesondere an der Übervorteilung der Versicherten ist ausgeschlossen. Die Anstalten sowohl wie die Versicherten fühlen sich im allgemeinen bei der gegenwärtigen Rechtslage wohl.«[1]) Diese Gründe können es durchaus nicht rechtfertigen, dass man, wenn man endlich in Erfüllung der Verfassung das Versicherungswesen einheitlich regelt, immer noch einen grossen Teil der Assekuranz-Institute ausserhalb der Reichsgesetzgebung belassen will, zumal die Buntscheckigkeit hinsichtlich der Rechtsstellung der öffentlichen Anstalten nicht minder gross ist, wie bei den privaten. Wenn gesagt wird, die öffentlichen Institute stünden bereits unter staatlicher Verwaltung und Aufsicht, so trifft dies, wenigstens hinsichtlich der Aufsicht, auch auf fast alle privaten Versicherungsinstitute zu, da wir schon augenblicklich in den meisten deutschen Staaten das Betriebsüberwachungssystem haben. Auch ein »ungerechtfertigter« Eingriff in die Behördezuständigkeit liegt nicht vor, wenn auch möglicherweise ein »unliebsamer«.

Die Einzelstaaten üben mit ihrer Gesetzgebung und Beaufsichtigung über das Assekuranzwesen gegenwärtig ein Recht aus, welches nach der Verfassung des Reiches dieses letztere wahrnehmen kann. Wird ihnen dieses Recht genommen, so ist das nicht »ungerechfertigt«. Richtig ist allerdings, dass die Versicherten bei den öffentlichen Anstalten in keiner Weise gefährdet erscheinen; das würde aber höchstens rechtfertigen, dass diesen Instituten gewisse Erleichterungen zugebilligt würden, und dass die Aufsicht bei ihnen eine weniger intensive wäre, nicht aber, dass sie von der Reichsgesetzgebung ausgeschlossen werden und für sie ein besonderes Recht gelten soll. Auch dies kann dahingestellt bleiben, ob die Versicherten der öffentlichen Anstalten sich im allgemeinen bei diesen »wohl fühlen«. Erstens fühlen auch bei den grossen Privatanstalten die Versicherten sich im allgemeinen wohl, und zweitens muss man berücksichtigen, dass das »Wohlfühlen« bei den öffentlichen Anstalten

[1]) Erläuterungen zum Entwurf S. 35.

oft darauf beruht, dass die Versicherten gesetzlich gezwungen sind, sich bei diesen Anstalten zu versichern, oder darauf, dass sehr zahlreiche öffentliche Kreditanstalten nur Grundstücke beleihen, die bei Sozietäten versichert sind. Endlich dürften die bei den Sozietäten Versicherten in ihrem Wohlbefinden sicherlich nicht dadurch gestört werden, dass ihre Assekuranzanstalten künftig der Reichs- statt der Landesgesetzgebung unterstellt werden. Bödiker[1]), der mit dem Ausschluss der öffentlichen Versicherungsanstalten von der Reichsgesetzgebung einverstanden ist, rechtfertigt das noch damit, »dass deren Verwaltung erfahrungsgemäss so eng mit der übrigen beteiligten öffentlichen Verwaltung verwachsen ist, dass es zu Missständen führen würde, eine andere Behörde, die nicht zugleich die Disziplinarbehörde für die betreffenden Anstaltsbeamten ist, zur Aufsichtsinstanz zu machen.« Diesem Bedenken gegenüber ist zu bemerken, dass man ja die öffentlichen Anstalten nur der Reichsgesetzgebung zu unterstellen braucht, sie im übrigen aber der Landesaufsicht unterwerfen kann. Dann wäre ja die Disziplinarbehörde die gleiche wie die Aufsichtsbehörde. Aber selbst wenn letzteres nicht der Fall wäre, würde der Bödiker'sche Grund nicht stichhaltig sein. Auch anderweitig finden wir doch sehr häufig Fälle, in denen die Aufsichtsinstanz gegenüber gewissen behördlichen Anordnungen materieller Natur — und um solche würde es sich hier handeln — eine andere ist wie deren Disziplinarbehörde. So ist das Reichsgericht »Aufsichtsinstanz« bezüglich der wichtigsten richterlichen Entscheidungen der Einzelstaaten, und trotzdem hat das Reich keine Disziplinargewalt über die Richter der Bundesstaaten; so hat in Gemässheit des Art. 43 der Reichsverfassung das Reich eine gewisse Aufsicht über das Eisenbahnwesen in Deutschland, ohne dass es irgendwie Disziplinarbefugnisse über die Eisenbahnbeamten der Einzelstaaten hätte.

Wir meinen daher, dass auch die öffentlichen Anstalten dem künftigen Reichsgesetz unterstellt werden müssen, und sehr richtig bemerkt nach dieser Richtung Baumgartner[2]): »Die materiellen

---

[1]) In Schmollers staats- und sozialpolitischen Forschungen Bd. 16 Heft 4 S. 49.

[2]) Zeitschrift für Versicherungsrecht und -Wissenschaft Bd. 4 S. 4.

Vorschriften, die man für notwendig erachtet, um die Interessen des versichernden Publikums zu wahren und die wirksame Durchführung der Aufsicht zu sichern, müssen auf öffentliche Versicherungsanstalten nicht minder als auf Privatgesellschaften Anwendung finden. Wo in Einzelfragen Sonderbestimmungen gerechtfertigt erscheinen, werden sie in das Gesetz aufzunehmen sein. Ebenso wird natürlich bezüglich der Form der Aufsichtsführung auf die Besonderheiten der öffentlichen Organisation Rücksicht zu nehmen sein.« Wir sind oben dafür eingetreten, dass nur die hauptsächlichsten, näher zu bezeichnenden, Versicherungszweige der Staatsaufsicht unterstellt werden sollen, und dass selbst auch das etwaige fernere Nebeneinanderbestehen von Reichs- und Landesrecht nicht für die Einziehung sämtlicher Assekuranzarten in das Reichsgesetz ins Treffen geführt werden dürfe. Es scheint uns in der That erträglich, wenn es auch nicht erwünscht ist und sich, wie wir sahen, auch vermeiden lässt, dass für verschiedene Versicherungszweige verschiedenes Recht gilt. Dass aber in einem und demselben Staate für einen und denselben Versicherungszweig, vor allem für die so überaus wichtige Feuerversicherung, verschiedenes Recht gelten soll, erscheint uns unerträglich.

§ 9.

Konzessionierung und Beaufsichtigung.

Stellt man sich auf den Standpunkt, es sei Pflicht des Staates, vor der Zulassung von Assekuranzinstituten nicht nur festzustellen, dass gewisse, den Normativen des Gesetzes entsprechende, Voraussetzungen vorhanden sind, sondern geht man weiter und sagt, der Staat habe jede Errichtung einer Versicherungsanstalt zu genehmigen und dabei eine thatsächliche Prüfung der jedesweiligen Verhältnisse vorzunehmen, so ist es doch auch bei dem letztgenannten System notwendig, wenigstens die allgemeinen Grundsätze gesetzlich festzulegen, nach welchen bei einer Konzessionierung verfahren werden muss. Auf diese wollen wir nunmehr eingehen. Bödiker[1]) verlangt, ohne dies zu begründen, dass die Konzession nur aus drei

[1]) l. c. S. 43.

Gründen versagt werden darf, nämlich »wenn erhebliche Bedenken entweder gegen die finanziellen Grundlagen des Unternehmens, oder gegen die Zuverlässigkeit des Unternehmers, oder gegen den Wortlaut der allgemeinen Versicherungsbedingungen obwalten.«

1. Die Konzession soll also zunächst nicht erteilt werden, wenn die finanziellen Grundlagen einer projektierten Anstalt ungenügende sind. Dem ist selbstverständlich beizutreten; denn naturgemäss hat der Staat ein erhebliches Interesse daran, dass nicht Versicherungsanstalten ins Leben treten, denen es an einer solchen Grundlage fehlt. Wie nun aber in jedem einzelnen Falle die letztere beschaffen sein muss, insbesondere ob die Zulassung eines neuen Versicherungsunternehmens von der Höhe eines bestimmten Grundkapitals, bezw. bei den Gegenseitigkeitsgesellschaften von der Grösse eines bestimmten Gründungsfonds abhängig zu machen ist, sowie ob und, bejahenden Falles, in welcher Höhe eine Kaution zu fordern ist, wird nicht gut im Gesetz selbst im einzelnen bestimmt werden können, da sich allgemeine Regeln hierüber kaum aufstellen lassen. Man wird es eben dem billigen Ermessen der Aufsichtsbehörde überlassen müssen, in jedem einzelnen Falle unter Berücksichtigung der Eigenart der projektierten Anstalt und des Versicherungszweiges darüber zu befinden, wie hoch Grundkapital und Gründungsfonds zu bemessen sind, sowie ob und eventuell, wie hoch eine Kaution zu leisten ist.

2. Weiterhin soll die Konzession versagt werden, wenn gegen die Zuverlässigkeit des Unternehmers erhebliche Bedenken obwalten. Dieser Punkt ist nicht einwandsfrei. Richtig ist, dass das vorzüglichst angelegte Versicherungsinstitut durch unsolide und untüchtige Unternehmer ruiniert werden kann. Auch ist nicht zu bezweifeln, dass sich dem Versicherungsfache viele Personen zuwenden, die in anderen Berufen verunglückt und auch sonst wenig vertrauenswürdig sind. Andererseits ist der Begriff »Bedenken gegen die Zuverlässigkeit des Unternehmers« ein recht flüssiger. Der Aufsichtsbehörde würde eine sehr grosse Machtvollkommenheit eingeräumt werden, wenn sie aus dem angeführten Grunde die Konzessionierung einer Versicherungsanstalt verweigern dürfte. Wir glauben nun zwar keineswegs, dass die Aufsichtsbehörde diese Machtvollkommen-

heit zu politischen oder anderen Zwecken missbrauchen würde, möchten sie ihr aber aus zweierlei Gründen nicht einräumen. Einmal würde ihr eine Verantwortlichkeit aufgebürdet, die sie gar nicht tragen kann, und dann würde sie wohl fast jedesmal, wenn sie wegen »Bedenken« gegen die Zuverlässigkeit des Unternehmers ein Konzessionsgesuch ablehnen würde, den heftigsten Angriffen der Versicherungs-, ja auch der politischen Tagespresse ausgesetzt sein.

Man wird daher wünschen müssen, dass wegen Unzuverlässigkeit des Unternehmers die Konzession nur dann verweigert werden darf, wenn gegen diesen Thatsachen vorliegen, welche seine Unzuverlässigkeit rechtfertigen, und man wird weiter verlangen müssen, dass diese Thatsachen anzugeben sind.

3. Ferner soll eine nachgesuchte Konzession verweigert werden, wenn gegen den Wortlaut der allgemeinen Versicherungsbedingungen erhebliche Bedenken obwalten. Dem ist beizustimmen. »Die Versicherungsbedingungen können auf die Ausbeutung des geschäftsunkundigen Versicherten abzielen, durch chikanöse, listige Vertragsklauseln die Ansprüche der Versicherten illusorisch machen, bewusstermassen auf Täuschung berechnet sein oder auch unabsichtlich zur Erregung von Irrtümern verleiten.« [1]) Einhauser [2]) meint nun, »gewiss sind diese Bedenken vollauf berechtigt; sie zu beseitigen, ist aber an sich nicht Sache eines Gesetzes über das öffentlich-rechtliche Versicherungsrecht, vielmehr ist die Bekämpfung derartiger Missstände in erster Linie Aufgabe des privatrechtlichen Versicherungsrechts .... Freilich hat die Aufsichtsbehörde die Pflicht, derartige Klauseln, falls sie sich in den Statuten u. a. finden sollten, zu beanstanden, allein dazu bedarf es nicht des schweren Geschützes der Konzessionsverweigerung.« Wir halten dies für unrichtig. Gerade die Verweigerung der Konzession ist ein recht geeignetes und äusserst wirksames Mittel, um vor Versicherungsbedingungen Schutz zu gewähren, welche auch den gewissenhaftesten Versicherten eventuell zum Fallstrick werden können. Der Staat darf nicht durch Erteilung einer Konzession

---

[1]) Erläuterungen zum Entwurf S. 60.

[2]) In der Zeitschrift für die gesamte Staatswissenschaft 25. Jahrgang 2. Heft S. 301.

einem Assekuranz-Institute gleichsam eine Approbation erteilen, dessen Versicherungsbedingungen illoyale sind. Wollte man übrigens der Aufsichtsbehörde das Recht nicht einräumen, wegen bedenklicher Versicherungsbedingungen die Konzession zu verweigern, so würde sich hieraus folgende Konsequenz ergeben können. Die eine staatliche Stelle, die Aufsichtsbehörde, gestattet einer Gesellschaft, Assekuranzgeschäfte zu treiben; dann kommt es aus irgend einem Grunde zwischen dieser Gesellschaft und einem Versicherten zum Prozess, und in diesem sagt dann eine andere staatliche Stelle, der Richter, die Versicherungsbedingungen der konzessionierten Anstalt seien unklare und deshalb zu Ungunsten derjenigen Prozesspartei auszulegen, die sich des zweideutigen Ausdruckes bedient habe, also der Assekuranzanstalt, welche ja fast durchweg die Versicherungsbedingungen vorschreibt. Oder der Richter geht sogar noch weiter und sagt, jene Bedingungen seien sogar unsittliche, und er müsse daher den auf ihnen beruhenden, das Gemeinwohl schädlichen Geschäften die Rechtshilfe verweigern. Derartige Unzuträglichkeiten sind in höchstem Grade unerwünscht. Freilich lassen sie sich nicht ganz vermeiden, und trotz Prüfung der Versicherungsbedingungen durch die Aufsichtsbehörde kann sie der Richter immer noch in einem etwaigen Prozesse beanstanden. Um aber wenigstens nach Möglichkeit Vorkommnissen der geschilderten Art vorzubeugen, ist es zweckmässig, wenn die allgemeinen Versicherungsbedingungen vor Erteilung der Konzession von einer staatlichen Stelle eingesehen werden, und, so lange das privatrechtliche Versicherungsrecht noch nicht gesetzlich geregelt ist, ist das geradezu notwendig. Denn darüber kann doch kein Zweifel sein, dass ein freies »Sich-Vertragen« der Parteien über die gegenseitigen Rechte und Pflichten zur Zeit nicht stattfindet. »Die Versicherungsgesellschaften besitzen sozusagen ein faktisches Monopol für ihren Gewerbebetrieb, und wenn die führenden Gesellschaften — wie dies allgemein geschieht — sich über identische Bedingungen vereinbaren, so sind sie in der Lage, ihre Vorschriften fast mit souveränem Belieben den Versicherungsinteressenten aufzuzwingen.« [1]) Man wird daher wünschen müssen, dass die Kon-

---

[1]) Ehrenberg l. c. S. 80.

zession auch wegen erheblicher Bedenken gegen den Wortlaut der allgemeinen Versicherungsbedingungen zu verweigern ist. Selbstverständlich werden diese Bedenken angegeben werden müssen und wird es eventuell Sache der im Entstehen begriffenen Gesellschaft sein, unter Vorlegung anderer Versicherungsbedingungen von neuem ein Gesuch um Erteilung der Konzession einzureichen.

4. Man wird der Aufsichtsbehörde jedoch nicht nur das Recht einräumen müssen, aus den drei vorstehend besprochenen Gründen die Konzession verweigern zu dürfen, sondern auch dann, wenn der Gegenstand des beabsichtigten Versicherungsbetriebes mit dem allgemeinen Wohle, mit den allgemeinen Rechts- und Sittlichkeitsgefühlen in Widerspruch steht. Hierüber haben wir uns bereits ausgelassen, als wir darüber sprachen, dass gerade aus dem letztgenannten Grunde, aber auch nur aus diesem, eine Konzessionierung der Assekuranzinstitute sämtlicher Versicherungszweige notwendig sei. —

Es erhebt sich dann weiter die Frage, ob der Nachweis eines Bedürfnisses bei der Konzessionierung einer neuen Versicherungsanstalt erfordert werden soll. In der 27. Plenarversammlung des deutschen Landwirtschaftsrates ist erst neuerdings wieder diese Forderung erhoben worden, »nachdem in den letzten Jahrzehnten so häufig Versicherungsunternehmen ins Leben gerufen wurden, nicht sowohl, um einem auf diesem Gebiete noch bestehenden Mangel abzuhelfen, als um dem Gründer persönlich eine lohnende Stellung zu verschaffen.«[1] Wir halten dieses Verlangen für ungerechtfertigt. Wenn die gesetzliche Regelung des Versicherungswesens auf dem Konzessionssystem aufgebaut ist, wird es eben Sache der Aufsichtsbehörde sein, zu prüfen, ob die finanziellen Grundlagen einer projektierten Anstalt genügende sind, oder ob diese nur dazu bestimmt ist, einigen Personen eine auskömmliche Lebensstellung zu verschaffen. Auch ist es sehr schwer, ja fast unmöglich, den Nachweis zu erbringen, dass für ein Assekuranzinstitut ein Bedürfnis vorhanden sei, oder dass ein solches nicht vorliege. Schon die Durchführung des § 33 der Gewerbeordnung, welcher der Landesbehörde die Befugnis einräumt, die

---

[1]) cfr. dessen Verhandlungen S. 418.

Erlaubnis zum Betriebe der Schank- und Gastwirtschaft von dem Nachweis eines vorhandenen Bedürfnisses abhängig zu machen, bereitet erhebliche Schwierigkeiten. Immerhin lässt sich aber eine solche Prüfung hier eher vornehmen, weil dabei lokale Verhältnisse in Betracht kommen. Anders bei den Versicherungsunternehmungen, welche sich zur Ausgleichung von Risiken auf ein möglichst grosses räumliches Gebiet erstrecken sollen. Zudem würde es auch gar nichts schaden, wenn Assekuranzinstitute, die Gediegenheit ihrer finanziellen Grundlagen vorausgesetzt, über das Bedürfnis hinaus bestehen würden. Dies würde zu gesteigerter Konkurrenz und damit zur Verbilligung der Versicherung führen.

Weiterhin wird es sich empfehlen, die Konzession dauernd, nicht nur auf bestimmte Zeit zu erteilen. Freilich hat auch die letztere Einrichtung, die ja auch teilweise in Deutschland und vor allem in der Schweiz besteht, ihre Vorteile. Durch sie ist die Aufsichtsbehörde gezwungen, von Zeit zu Zeit, nämlich vor der Verlängerung der Konzession, eine gründliche Prüfung vorzunehmen, ob die Voraussetzungen auch vorhanden sind, welche zur ersten Konzessionierung der Anstalt geführt haben. Vor allem aber können auf diese Weise für das gesamte Assekuranzwesen nötige Änderungen von der Aufsichtsbehörde weit leichter durchgesetzt werden. »Das gleichzeitige Auslaufen der Konzessionen der verschiedenen miteinander konkurrierenden Gesellschaften bietet den Vorteil, dass bei der Generalrevision der Konzessionen Übelstände angefasst werden dürfen, welche bei successivem Vorgehen gar nicht zu beseitigen wären, indem jede einzelne Gesellschaft, wenn eine Zumutung ihr allein gemacht wird, die Einrede erheben kann, es sei ihr nicht möglich, ungünstigere Bedingungen einzugehen, welche nicht auch den konkurrierenden Gesellschaften gleichzeitig auferlegt werden« [1]. Trotzdem empfiehlt sich eine dauernde Konzession. Eine verständige Aufsichtsbehörde wird bei einer Anstalt hervortretende Übelstände auch dann entdecken, wenn sie nicht durch den Ablauf der Konzession zu einer erneuten Prüfung der Geschäftsführung einer Anstalt veranlasst wird. Und dann darf man auch durch

[1] Jahresbericht des eidgenössischen Versicherungsamtes pro 1891 S. II.

die Erteilung einer zeitweiligen Konzession die Assekuranzinstitute nicht der Rechtsunsicherheit preisgeben und sie alle paar Jahre für ihre Existenz fürchten lassen.

Dass sich die Konzessionserteilung räumlich, sofern nicht seitens der betreffenden Anstalt ausdrücklich etwas anderes gewünscht wird, auf den Umfang des Reiches erstrecken muss, bedarf keiner weiteren Ausführung.

Nachdem eine Anstalt konzessioniert ist, wird die Aufsichtsbehörde darüber zu wachen haben, dass sich dauernd die Voraussetzungen erhalten, welche zur Genehmigung ihres Geschäftsbetriebes geführt haben. Fallen diese weg, so muss die erteilte Konzession zurückgezogen werden können. Vor allem ist es nötig, dass die finanziellen Grundlagen einer Anstalt anhaltend gute bleiben.

Hier spielen die Prämienreserven eine besonders hervorragende Rolle. Wie sollen diese, vor allem bei den Lebensversicherungsgesellschaften, angelegt werden?[1]) Das natürlichste würde es wohl sein, sie würden mündelsicher angelegt. Trotzdem empfiehlt sich eine solche Bestimmung für Deutschland nicht. Das Bürgerliche Gesetzbuch hat den Begriff der Mündelsicherheit nicht erschöpfend geregelt. Es heisst dort vielmehr im § 1807 Abs. 2: »Die Landesgesetze können für die innerhalb ihres Geltungsbereiches belegenen Grundstücke die Grundsätze bestimmen, nach denen die Sicherheit einer Hypothek, einer Grundschuld oder einer Rentenschuld festzustellen ist.« Die Landesgesetze werden nun aber die Grenzen, bis zu welchen die Grundstücke als mündelsichere gelten, nicht einheitlich feststellen. Sofern also bestimmt würde, dass die Prämienreserven mündelsicher anzulegen seien, so würde für die in ganz Deutschland ihre Gelder ausleihenden Lebensversicherungsanstalten eine Einheitlichkeit nicht bestehen. Ausserdem kommt noch folgendes in betracht: die Grenze für die Mündelsicherheit wird häufig nur bis zur ersten Hälfte des Grundstückswertes gezogen werden[2]). Hierdurch aber werden die Lebensver-

---

[1]) cfr. über diese Frage auch die Erklärung deutscher Lebensversicherungsgesellschaften zum Entwurf S. 7 und 8.

[2]) So heisst es in dem preuss. Ausführungsgesetz zum Bürgerlichen Gesetzbuch vom 20. September 1899 im Artikel 73: Eine Hypothek oder Grund.

sicherungsinstitute, die doch ihre Prämienreserven ganz überwiegend in Hypotheken anlegen [1]), gegenüber ihren hauptsächlichsten Konkurrenten bei der Beleihung von Grundstücken, gegenüber den Hypothekenbanken, schwer geschädigt. Für diese verordnet der § 11 des Hypothekenbankgesetzes vom 13. Juli 1899: »Die Beleihung ist auf inländische Grundstücke beschränkt und der Regel nach nur zur ersten Stelle zulässig. Die Beleihung darf die ersten $^3/_5$ des Wertes des Grundstückes nicht übersteigen.« Während also die Hypothekenbanken bis $^6/_{10}$ des Wertes beleihen dürfen, wäre dies den Versicherungsgesellschaften unter Umständen nur bis $^5/_{10}$ gestattet. Dies aber würde die unerwünschte Folge haben, dass die Grundbesitzer ihre Grundstücke an erster Stelle lieber mit Hypotheken der Hypothekenbanken beleihen würden. Zu einer solchen Benachteiligung der Assekuranzinstitute liegt keine Veranlassung vor. Auch die Anlagen der Hypothekenbanken sollen doch sichere sein. Geben sie ja auf grund ihrer Beleihungen mit staatlicher Genehmigung Inhaber-Pfandbriefe aus. Es wird daher nicht nur im Interesse einer einheitlichen Anlegung der Prämienreserven liegen, sondern auch der Billigkeit entsprechen, wenn auf die Anlage des Prämienreservefonds, insoweit hierbei Hypotheken in Frage kommen, die Bestimmungen des Hypothekenbankgesetzes entsprechende Anwendung finden.

Ferner wird der Aufsichtsbehörde das Recht einzuräumen sein, die Geschäftsführung der Assekuranzinstitute zu revidieren, sowohl durch Einsicht in deren Bücher, als durch Erfordern von Auskünften, um so besonders feststellen zu können, ob die Publikationen der Gesellschaften auch richtige sind, sowie ob die nötigen Reserven vorhanden und vorschriftsmässig angelegt sind. Freilich können sich hieraus leicht erhebliche Unzuträglichkeiten ergeben. Die Versicherungsanstalten verfügen sämtlich über einen Beamtenapparat, der um so zahlreicher ist, je grösser die Gesellschaft ist. In einem solchen muss auch Disciplin herrschen. Wenn nun die Aufsichtsbehörde ohne

---

schuld . . . . ist für die Anlegung von Mündelgeld als sicher anzusehen, wenn sie . . . . bei einem ländlichen Grundstück innerhalb der ersten $^2/_3$, bei einem städtischen Grundstück innerhalb der ersten Hälfte des Wertes zu stehen kommt.

[1]) cfr. oben S. 18.

Wissen der Geschäftsleiter eines Instituts bei dessen Agenten, Generalagenten u. s. w. die Geschäftsbücher einsehen und Auskunft einziehen würde, so wäre Anschwärzungen des Direktors u. dgl. seitens der untergeordneten Beamten Thür und Thor geöffnet und eine Lockerung in der Beamtendisciplin der Versicherungsgesellschaften zu befürchten. Hierzu kommt, dass die unteren Organe oft gar nicht in der Lage sind und gar nicht das nötige Verständnis haben, die gewünschte Auskunft erteilen zu können, und dass eventuell den Direktoren auch gar keine Kontrolle darüber möglich ist, ob die von ihren Beamten erteilte Auskunft auch richtig ist. Das Gesetz wird daher zu bestimmen haben, dass die Einsicht in die Geschäftsbücher und das Erfordern einer Auskunft nur bei den legitimierten Vertretern einer Gesellschaft stattfinden darf, bei anderen Beamten der letzteren aber nur unter oder nach Benachrichtigung der verantwortlichen Geschäftsleiter.

Weiterhin wird eine Änderung der Statuten und allgemeinen Versicherungsbedingungen der Assekuranzinstitute der Genehmigung der Aufsichtsbehörde bedürfen, da die Anstalten sonst in der Lage wären, die Voraussetzungen der Konzessionierung beliebig zu verschieben. Auch wird der Auflösung und der Verschmelzung der Assekuranzanstalten die Aufsichtsbehörde zustimmen müssen.

Die wichtigste Aufgabe der Aufsichtsbehörde wird es aber sein, den Zusammenbruch einer Versicherungsanstalt nach Möglichkeit zu verhindern und, falls er unvermeidlich ist, dessen Wirkungen möglichst abzuschwächen. Eine Assekuranzanstalt kann, da ihr aus den eingehenden Prämien immer neue Einnahmen zufliessen, sich oft noch jahrelang halten, obschon sie innerlich bereits morsch ist. »Es kann für eine nichttechnische Beurteilung noch lange Zeit der Schein eines völlig gesunden Betriebes aufrecht erhalten werden, und es können dann noch immer weitere Kreise in den schliesslich unvermeidlichen Zusammenbruch verwickelt werden, während eine sachkundige Prüfung bereits eine unheilbare Ueberschuldung zu erkennen vermag.« [1]) Es wird daher Sache der Aufsichtsbehörde sein, rechtzeitig in einen bedenklichen Geschäftsbetrieb einer Anstalt

[1]) Erläuterungen zum Entwurf S. 88.

einzugreifen, indem sie besondere Gewinnverteilung, Policenrückkauf, Beleihung von Versicherungsscheinen u. dgl. untersagt.

Hier ist eine sehr wichtige Frage, ob bei einer notleidenden Lebensversicherungsgesellschaft die Aufsichtsbehörde dazu befugt sein soll, gemäss dem englischen Vorbilde deren Verpflichtungen um gewisse Prozente zu ermässigen, um dadurch den Konkurs derselben zu vermeiden? Unverkennbar ist, dass ein solcher Konkurs die empfindlichsten Nachteile bringt, da die Versicherten unter den alten Bedingungen kaum eine neue Lebensversicherungsanstalt finden dürften[1]). Werden daher die Verpflichtungen der bisherigen herabgesetzt, so wird für die Versicherten dies sehr oft noch das Vorteilhafteste sein. Andererseits aber ist es doch ein recht bedeutender Eingriff in die Vermögensverhältnisse der Versicherten, wenn ohne ihre Zustimmung, ja womöglich ohne ihr Wissen, die Verpflichtungen des Institutes, mit welchem sie einen Lebensversicherungsvertrag abgeschlossen haben, um gewisse Prozente ermässigt werden können.

Etwas Ähnliches finden wir beim Zwangsvergleich in unserer deutschen Konkursordnung. Da in einem gewöhnlichen Konkurse die Verwertung der Masse unter dringendem Angebot und ohne Rücksichtnahme auf eine günstige Zeit oft einen zu geringen Ertrag bringen würde, ist es für die Gläubiger zuweilen vorteilhafter, dem Gemeinschuldner, der ihr Vertrauen noch nicht verloren hat, durch einen Vergleich zu ermöglichen, seine wirtschaftliche Thätigkeit mit seinem Vermögen fortzusetzen. Der Zwangsvergleich im Konkurse wird aber nicht ohne die Konkursgläubiger, sondern gerade zwischen diesen und dem Gemeinschuldner geschlossen, und es werden zu dessen Annahme noch erhöhte Majoritäten gefordert[2]). Die staatliche Behörde, der Konkursrichter, hat diesen Vergleich nur zu bestätigen, und zwar deshalb, um die Rechte der unbekannten oder überstimmten Konkursgläubiger zu wahren.

In analoger Weise wird man auch der Aufsichtsbehörde für das Assekuranzwesen nicht das Recht einräumen dürfen, selbständig die Verpflichtungen einer Lebensversicherungs-

---

[1]) cfr. oben S. 38.

[2]) cfr. § 169 der deutschen Konkursordnung (§ 182 neuer Fassung).

anstalt zu ermässigen. Das wird vielmehr nur mit Zustimmung der Versicherten geschehen dürfen. Bei den auf dem Grundsatz der Gegenseitigkeit aufgebauten Assekuranzinstituten wird das oberste Organ derselben (Generalversammlung, Bankausschuss u. s. w.) diese Zustimmung erteilen müssen, und zwar mit den beim Zwangsvergleich im Konkurse vorgesehenen Majoritäten. Bei den Aktiengesellschaften ist es ja, wie wir sahen (S. 41), sehr schwierig, eine geeignete Willensäusserung der Versicherten herbeizuführen. Trotzdem darf bei einer so einschneidenden Massnahme, wie der in Rede stehenden, sie nicht völlig unterbleiben. Wir würden daher nach dieser Richtung hin folgendes vorschlagen: Falls die Aufsichtsbehörde die Verpflichtungen einer Aktiengesellschaft erniedrigen will, hätte sie das im Reichsanzeiger zu veröffentlichen und die Versicherten aufzufordern, bei ihr gegen die geplante Ermässigung Widerspruch zu erheben. Von denjenigen, welche auf diese Aufforderung nichts veranlassen, wäre dann zu unterstellen, dass sie ihr Interesse durch die Aufsichtsbehörde genügend gewahrt glauben und mit jener Herabsetzung einverstanden sind. Diese würde daher schon dann als angenommen gelten, wenn die für den Zwangsvergleich im Konkurse vorgesehenen Majoritäten in der Weise zustande kämen, dass diejenigen, welche nicht abgestimmt haben, als zustimmend gerechnet werden.

Ferner wird die Aufsichtsbehörde verpflichtet werden müssen, über ihre Thätigkeit öffentlich Rechenschaft abzugeben und dabei auch Wahrnehmungen allgemeiner Natur aus dem Gebiete des Assekuranzwesens bekannt zu machen. Hierfür werden die durchweg als mustergiltig anerkannten »Berichte des eidgenössischen Versicherungsamtes über die privaten Versicherungsunternehmungen in der Schweiz« als Vorbild dienen können. Freilich wird berichtet, dass diese Jahresberichte zu Wettbewerbszwecken missbraucht worden seien[1]). Es werden daher die Veröffentlichungen der Aufsichtsbehörde allgemein zu halten sein, und es werden diese vertrauliche Angelegenheiten einzelner Anstalten nicht enthalten dürfen.

Endlich wollen wir noch eine besondere Art der Beaufsichtigung besprechen, welche zur Zeit in einzelnen Teilen

---

[1]) Vgl. Kritik der Handelskammer zu Hamburg zum Entwurf S. 12.

Deutschlands, vor allem in fast ganz Preussen, gegenüber der Feuerversicherung besteht, und welche nicht von der Aufsichtsbehörde für das Assekuranzwesen, sondern von der Polizei ausgeübt wird, von der sogenannten Präventivkontrolle. Dieselbe besteht, wie wir bereits oben (S. 16) andeuteten, darin, dass der Vertrag zwischen dem Versicherer und dem Versicherten einer polizeilichen Prüfung unterzogen wird. Dieser Einrichtung liegt der Gedanke zu Grunde, dass Brandstiftungen teilweise auf Überversicherungen zurückzuführen seien, sei es nun, dass der Versicherte sofort beim Abschluss des Vertrages eine Brandstiftung beabsichtigt oder aber, dass er sie später als ein willkommenes Mittel ergreift, um sich auf Kosten der Assekuranzgesellschaften bequem zu bereichern. Schon aber die Gewissheit, dass der Versicherungsvertrag hinsichtlich der Höhe der Versicherungssumme polizeilich geprüft werde, soll — so meint man — von dem Versuche der Überversicherung abhalten und, wenn die Polizei auch nicht in allen Fällen eine solche erkennen könne, so sei sie hierzu jedenfalls imstande, wenn es sich um bedeutende Überversicherung handle. Wir meinen jedoch, dass die ganze Präventivkontrolle von ziemlich geringem Wert ist, und, da man wohl sagen kann, dass diese Ansicht fast durchweg von der Wissenschaft und von der Praxis geteilt wird, wollen wir nur einige Gesichtspunkte hervorheben. Zunächst möchten wir bemerken, dass, was vollständig übersehen zu werden scheint, die Hauptfälle der wissentlichen Überversicherung, wenigstens bei Immobilien, nicht darauf berechnet sind, durch eine spätere Brandstiftung Gewinn zu erzielen, sondern darauf, hohen Kredit zu erlangen. Wie bei der heutigen preussischen Einkommensteuer, besonders in kleinen Orten, wo die Vermögensverhältnisse des Einzelnen leicht bekannt werden, häufig Geschäftsleute ein höheres Einkommen versteuern, als sie wirklich besitzen, um so als wohlhabender und mithin als kreditfähiger zu erscheinen, wie oft Grundbesitzer eine zu hohe Grund- bezw. Gebäudesteuer zahlen, weil sie glauben, dritte würden dadurch ihre Immobilien entsprechend hoch bewerten und beleihen, so ist es teilweise auch bei der Immobiliar-Feuerversicherung. Viele, vor allem kleine Leute, erblicken in der Versicherungssumme eine »Taxe« und glauben, um so höheren Realkredit auf Grundstücke erlangen bezw. geben zu können, je höher diese Taxe ist. Eine derartige Überversicherung zu verhindern, hat der Staat kein Interesse, da es nicht seine Sache ist, leichtsinnige Hypothekengläubiger zu schützen. Mag derjenige, welcher Kredit auf ein Grundstück giebt, sich über dessen Wert vergewissern und nicht der Feuertaxe vertrauen. Aufgabe des Staates kann es nur sein, dass er wissentliche Überversicherung zu verhindern sucht, insoweit sie etwa zur Brandstiftung führen könnte. Hierzu ist aber die Präventivkontrolle wenig geeignet. Wie soll ein untergeordnetes Polizeiorgan, wie selbst ein höherer Polizeibeamter den Wert einer Fabrik, eines Warenlagers, einer Bibliothek beurteilen können? Es eröffnen sich daher nur zwei Wege. Entweder wird das Unbedenklichkeitsattest, und so geschieht es fast durchweg, formularmässig ausgestellt, und dann kann diese Einrichtung ebenso gut unterbleiben, oder aber es müssten zwecks Begutachtung von Versicherungsverträgen in sehr vielen Fällen Sachverständige zugezogen werden, um zu prüfen, ob der wirkliche Wert einer Sache mit der Versicherungssumme übereinstimmt. Zu letzterem würde wohl kaum jemand raten, denn das würde zu einer nicht unbedeutenden Verteuerung und mithin zu einer Verringerung der Versicherungen führen. Sollte aber eine Überversicherung zuweilen zur Brandstiftung führen, so darf u. E. der Staat trotzdem ein Institut, dessen möglichst weite Verbreitung erwünschen muss, nicht deshalb polizeilich einengen, weil dasselbe möglicherweise in vereinzelten Fällen jemand zu verbrecherischen Zwecken missbrauchen sollte. Übrigens können davor, dass der einzelne nicht durch eine Feuersbrunst bereichert wird, andere, einfachere Mittel schützen. Einmal könnte schon das zivile Recht bestimmen, dass im Falle eines Brandes nur der wirklich erlittene Schaden vergütet werde, eine Vorschrift, welche zudem meistens schon der Versicherungsvertrag enthält, da ja die Assekuranzanstalten selbst das grösste Interesse daran haben, dass ein abgebrannter Versicherter nicht zu viel erhält. Auch lässt sich dagegen nichts einwenden, dass nach einem eingetretenen Brande die Zahlung der Entschädigungssumme seitens der betreffenden Assekuranzanstalt erst dann erfolgen darf, wenn nicht die Behörde nach erhaltener Anzeige binnen bestimmter Frist gegen diese Widerspruch erhebt.

Man wird daher von einem Reichsversicherungsgesetz verlangen müssen, dass es die in Rede stehende Überwachung des Versicherungsvertrages verbietet, eine Überwachung, welche gleich lästig für die Versicherer wie für die Versicherten ist und zu einer nicht unerheblichen und dabei fast zwecklosen Belastung der Polizeiorgane führt. Dieses Verlangen wird man um so mehr erheben müssen, als bereits der preussische Gesetzentwurf[1]) von 1869 betreffend die Feuerversicherung in § 6 bestimmte: »Zum Abschluss und zur Verlängerung des Versicherungsvertrages resp. zur Aushändigung der Police sowie zur Auszahlung der Entschädigung bedarf es fortan der Genehmigung einer Behörde oder einer Anzeige an dieselbe nicht«, und als neuerdings eine allerdings von privater Seite aufgestellte Statistik[2]) für das Königreich Preussen die äusserst geringe Bedeutung der Präventivkontrolle nachgewiesen hat.

§ 10.

Behandlung ausländischer Versicherungsanstalten.

Eine besondere Stellung bei der öffentlich-rechtlichen Regelung des Assekuranzwesens nehmen die ausländischen Gesellschaften ein, welche in Deutschland Geschäfte betreiben wollen. Dass man sie nicht besser stellen wird, wie die einheimischen, und von ihnen mindestens dasselbe verlangen wird, wie von den deutschen, liegt auf der Hand. Es kann sich nur darum handeln, ob den ausländischen Versicherungsanstalten der Geschäftsbetrieb in Deutschland überhaupt nicht gestattet

---

[1]) Dieser Gesetzentwurf, welcher von dem Hause der Abgeordneten einer Kommission überwiesen wurde, ist aus derselben nicht herausgekommen, hauptsächlich deshalb, weil der Bundesrat auf Betreiben von Sachsen-Coburg-Gotha inzwischen den Beschluss fasste »an den Herrn Bundeskanzler das Ersuchen zu richten, ... den Entwurf eines Bundesgesetzes über das Versicherungswesen ausarbeiten zu lassen«.

[2]) cfr. Denkschrift des Verbandes deutscher Privatfeuerversicherungsanstalten zum Entwurf S. 40 ff.

werden soll und, falls man diesen zulässt, weiterhin darum, ob und eventuell, welche besonderen Bestimmungen für ihn zu treffen sind. Den ausländischen Assekuranzinstituten unser Reich zu verschliessen, dürfte sich nicht empfehlen. Es ist zu erwägen, dass ohne Zuhilfenahme der ausländischen Gesellschaften es an unseren grossen Stapelplätzen, wo auf einem kleinen Raume meist ungeheure Risiken zusammengedrängt sind, oft entweder ganz unmöglich sein würde, Versicherung zu finden, oder aber nur unter grossen Schwierigkeiten und gegen hohe Prämienleistungen. Hierzu kommt, dass deutsche Gesellschaften immer mehr und mehr ihre Thätigkeit auch auf das Ausland ausdehnen, sei es, weil sie auf diese Weise eine bessere Verteilung ihrer Risiken herbeiführen wollen, sei es, weil das Assekuranzgeschäft im Auslande teilweise gewinnbringender ist als in Deutschland. Können wir somit der ausländischen Gesellschaften nicht entbehren, und ist es andererseits für unsere Assekuranzinstitute erwünscht, wenn auch sie möglichst ungehindert im Auslande Geschäfte treiben können, so wird man wünschen müssen, dass die ausländischen Gesellschaften wenigstens der Hauptsache nach den gleichen Grundsätzen unterstellt werden wie die einheimischen. Denn naturgemäss würde eine bei uns stattfindende Erschwerung der Zulassung und der Thätigkeit der ausländischen Versicherungsanstalten zu Gegenmassregeln seitens des Auslandes führen, wodurch unsere Gesellschaften unter Umständen schwer geschädigt werden könnten. Trotzdem lässt sich eine völlige Gleichstellung der ausländischen Versicherer mit den unsrigen nicht durchführen, wenn wir unsere Staatsangehörigen, welche bei ausländischen Instituten versichert sind, nicht eventuell den empfindlichsten Verlusten aussetzen wollen. Einige Erschwerungen für nicht-deutsche Versicherer werden sich nicht vermeiden lassen.

Eine grosse Gefahr für die bei ausländischen Gesellschaften Versicherten liegt darin, dass sie genötigt sein können, ihre Forderungen gegen diese Anstalten im Auslande einklagen zu müssen, was meist mit erheblichen Kosten, vielen Umständlichkeiten und teilweise mit recht zweifelhaftem Erfolge begleitet ist. Man wird daher fordern müssen, dass ausländische Institute bei uns nur konzessioniert werden, wenn sie im Inlande einen

Bevollmächtigten bestellen, welcher verpflichtet ist, wegen aller Ansprüche aus dem inländischen Versicherungsgeschäft vor deutschen Gerichten sich in Rechtsstreitigkeiten einzulassen. Dies kann jedoch noch nicht genügen. Eine ausländische Gesellschaft kann ihren bisherigen Bevollmächtigten aus Deutschland zurückziehen und keinen neuen bestellen, ohne ihre inländischen Verpflichtungen erfüllt zu haben. Der Versicherte sieht sich dann zwei Schwierigkeiten gegenüber. Er weiss erstens nicht, wem er seine Prämien bezahlen soll, und zweitens, wo er die ausländische Anstalt in Deutschland verklagen soll. Für solche Fälle wird das Gesetz zunächst vorzuschreiben haben, wo die Prämie gezahlt werden kann, um die Police in Kraft zu erhalten — was vielleicht beim Versicherungsamt geschehen könnte — und dann, dass eine solche Gesellschaft weiterhin im letzten Gerichtsstande ihres bisherigen Bevollmächtigten verklagt werden kann[1]). Hat aber der Versicherte auch glücklich ein inländisches Urteil gegen eine ausländische Anstalt erstritten, so handelt es sich noch um dessen Vollstreckung. Nach dieser Richtung hin kann der Gesetzgeber sich auf den Standpunkt stellen, dass die Assekuranzinstitute, welche in anderen Staaten ihren Sitz haben, im Inlande soviel Vermögen besitzen und sicherstellen müssen, um aus diesem die inländischen Versicherten befriedigen zu können, und dass hiervon höchstens die ausländischen Gesellschaften solcher Staaten ausgenommen sind, welche die Vollstreckung der deutschen Urteile verbürgen. Der Gesetzgeber kann aber zur grösseren Sicherheit seiner Unterthanen auch davon Abstand nehmen, eine solche Ausnahme zu schaffen. Das letztere halten wir sogar für das Richtige. Erstens ist die Vollstreckung deutscher Urteile im Auslande, selbst wenn sie an sich statthaft ist, kompliziert und kostspielig und dauert ziemlich lange. Ferner bietet aber auch die Möglichkeit der Vollstreckung der inländischen Urteile im Auslande dem Versicherten noch keine Garantie dafür, dass er wirklich zu seinem Gelde kommt, da die ausländische Gesellschaft, auf welche ja Deutschland nur eine geringe Aufsicht auszuüben vermag, bankerott sein kann, sodass die Zwangsvollstreckung fruchtlos ausfällt.

---

[1]) cfr. ähnliche Bestimmungen im § 105 des norwegischen Entwurfes.

Was nun die nähere Gestaltung der von den ausländischen Gesellschaften zu verlangenden Sicherheit anlangt, so wird man vor allem fordern müssen, dass die aus deutschen Versicherungen angesammelten Prämienreserven nicht ins Ausland gezogen, sondern im Inlande festgelegt werden. Eine solche Forderung wird vor allem den ausländischen Lebensversicherungsinstituten gegenüber am Platze sein, und es erleiden durch eine derartige Sicherheit auch die ausländischen Gesellschaften weiter keine besonderen Nachteile. Sie müssen ohnehin zur Deckung ihrer Verbindlichkeiten in Deutschland Mittel zur Verfügung haben, und es kommt daher hauptsächlich nur in Betracht, dass sie möglicherweise im Auslande ihre Kapitalien gewinnbringender anlegen können als bei uns.

Eine weitere Voraussetzung für den Geschäftsbetrieb der ausländischen Gesellschaften im Inlande wird sein, dass auch die ausländischen Staaten unsere Versicherungsanstalten nicht benachteiligen. Das Gesetz muss daher weiter die Möglichkeit offen lassen, die Gesellschaften solcher ausländischen Staaten, welche unsere Anstalten entweder gar nicht oder nur unter Erschwerungen zulassen, auch in Deutschland entweder ganz auszuschliessen oder nur bei Erfüllung weiterer Bedingungen zuzulassen. Zur Erreichung dieses Zieles eröffnen sich zwei Wege. Entweder es wird in das Gesetz die Reciprocitätsklausel aufgenommen, wonach — behufs Durchführung des Grundsatzes der Gegenseitigkeit — wir den Versicherungsinstituten ausländischer Staaten dieselben Verpflichtungen auferlegen können, welche diese von unseren Assekuranz-Gesellschaften erfüllt verlangen, oder aber wir erteilen, unbekümmert um die Bestimmungen des Auslandes, einer obersten Reichsstelle die Befugnis, ausländische Gesellschaften trotz Erfüllung der sämtlichen gesetzlichen Voraussetzungen ohne Angabe von Gründen von Anfang an überhaupt nicht zuzulassen, nur unter gewissen Bedingungen zuzulassen, nicht weiter zuzulassen. Es lässt sich nun allerdings nicht verkennen, dass das Versicherungswesen als politische Waffe sich schlecht eignet, und dass man es nach Möglichkeit vermeiden muss, einen Zweig der Volkswirtschaft, der gerade auf Stetigkeit angewiesen ist, den Zufälligkeiten der Politik auszusetzen. Trotzdem halten wir eine Reciprocitätsklausel für ungenügend. Ein so grosser Staat, wie unser Reich, kann nicht vor jeder Zulassung ausländischer Gesellschaften erst Umschau halten, unter welchen Voraussetzungen die anderen, selbst die kleinsten Staaten unseren Anstalten den Geschäftsbetrieb gestatten. Er muss selbst die Grundsätze festlegen, unter welchen er ausländische Institute zulassen, nach welchen er sie beaufsichtigen will. Tritt dann ein ausländischer Staat, zumal ein kleinerer, mit besonderen Massnahmen gegen deutsche Anstalten hervor, so werden wir sehr oft deshalb noch nicht zu Gegenmassregeln zu schreiten brauchen. Thun wir es aber, dann wird es meist aus Gründen der internationalen Politik geschehen. Die Handhabung dieser aber, deren richtige Beurteilung sich doch fast durchweg dem grossen Publikum entzieht, muss man einer obersten Zentralstelle überlassen. Dabei kann man zu dieser, sei sie nun der Reichskanzler selbst oder eine sonstige höchste Reichsbehörde, das Vertrauen haben, dass sie ihr freies Ermessen nur aus zwingenden Gründen zu Ungunsten ausländischer Gesellschaften wird walten lassen und so möglichst wenig in den natürlichen Entwickelungsgang des Versicherungswesens eingreifen wird.

§ 11.

Die öffentlichen Abgaben der Versicherungsanstalten.

Die öffentlichen Abgaben, insbesondere die Steuern, spielen bei den Versicherungsgesellschaften eine hervorragende Rolle. Bei der weiten Ausdehnung, welche diese Institute vielfach haben, kommen sie mit dem Abgabensystem der verschiedensten Staaten in Berührung. Hierzu kommt, dass der Umfang der von den Assekuranzinstituten zu zahlenden Steuern und sonstigen Abgaben, die ja in letzter Linie doch auf die Versicherten abgewälzt werden, auf die Höhe der Prämien und hierdurch wieder auf die Ausdehnung des Versicherungsgeschäftes von grossem Einfluss ist.

Infolgedessen haben die Assekuranzanstalten auch seit langem das Verlangen erhoben, dass die reichsgesetzliche Regelung des Versicherungswesens auch die darauf ruhenden öffentlichen Abgaben mit ordnen solle.

Es muss zwischen den allgemeinen, auch die Assekuranzanstalten mit treffenden, öffentlichen Abgaben und den diesen speziell auferlegten Abgaben unterschieden werden.

I. Betrachten wir zunächst die allgemeinen, auch die Versicherungsanstalten mit treffenden, öffentlichen Abgaben.

a) Hier wollen wir die Stempelabgaben vorausnehmen als diejenigen, über welche die Assekuranzinstitute in besonders heftiger Weise Beschwerde führen. Gegenwärtig werden von der Landesgesetzgebung fast sämtlicher deutscher Bundesstaaten die Versicherungsverträge mit einer Stempelabgabe belegt.

Es ist unrichtig, solche Verträge mit Stempelabgaben zu belasten, welche, wie die Versicherungsverträge, die dem Einzelnen drohenden Verluste ausgleichen und Fürsorge für die Zukunft treffen sollen. Jede Prämienzahlung stellt im gewissen Sinne eine Ersparung dar, welche dem Einkommen des Zahlenden entzogen wird. Wie es aber zu verwerfen ist, Spareinlagen mit Stempel- oder ähnlichen Abgaben zu umgeben, so ist es auch falsch, Versicherungsverträge mit solchen zu belasten. Man muss verlangen, dass der Abschluss von Versicherungsverträgen womöglich erleichtert und jedenfalls nicht durch Stempelabgaben erschwert wird. Indem die Versicherung den Einzelnen vor der Vernichtung oder wenigstens vor der Verschlechterung seiner wirtschaftlichen Existenz schützt, befördert sie gleichzeitig das wirtschaftliche Emporblühen eines Volkes und hierdurch wiederum dessen Steuerkraft. Um so ungerechtfertigter ist es, den Nehmer einer Versicherung, der doch durch die letztere etwas volkswirtschaftlich Erwünschtes vornimmt, in Form eines Stempels zu einer Sonderabgabe heranzuziehen. Freilich dürfte, wenigstens zur Zeit, wenig Aussicht dafür vorhanden sein, dass der bisherige Stempel für Versicherungsverträge in Wegfall komme. Hat doch Preussen durch das Stempelsteuergesetz vom 31. Juli 1895 von neuem zu erkennen gegeben, dass es an einer Stempelpflicht der Versicherungsverträge festhält[1]). Wollte man sich aber auch damit zufrieden geben, dass von einem Versicherungsvertrage eine einmalige Stempelabgabe erhoben wird, so ist es ganz unbillig, ihn mehrfach einer solchen zu unterwerfen. Augen-

[1]) cfr. Tarifstelle 70 in dem genannten Gesetz.

blicklich sind zuweilen die Versicherungsverträge stempelpflichtig: erstens in dem Lande, dessen Staatsangehöriger der Versicherte ist, einerlei ob er in seinem Heimatstaate wohnt oder nicht, zweitens in dem Staate, in welchem der Versicherte wohnt, und drittens in dem Lande, in welchem die Anstalt, bei welcher die Versicherung genommen wird, ihren Sitz hat. So ging kürzlich folgendes drastische Beispiel durch die Tagespresse:

Ein bayerischer Staatsangehöriger, der im Königreich Sachsen, oder ein sächsischer Staatsangehöriger, der in Bayern wohnt und z. B. bei der Gothaer Bank eine Lebensversicherung über 10000 M. eingeht, hat dafür an Stempelgebühren zu entrichten:

a) Gothaischen Stempel	$^1/_2$ pro Mille der Vers.-Summe	= 5 M.
b) Sächsischen „	1 „ „ „ „	= 10 „
c) Bayerischen „	2 „ „ „ „	= 20 „
	zusammen	35 M.

das sind, wenn der Versicherungsnehmer beim Eintritt dreissig Jahre alt ist, etwa 15 % der erstmaligen Prämie.

Dass eine derartige wiederholte Stempelabgabe ungerechtfertigt ist, liegt auf der Hand. Das beste Hilfsmittel zur Vermeidung einer mehrfachen Heranziehung des Versicherungsvertrages zu den Stempelabgaben würde sein, wenn an Stelle der bisherigen Landesstempelabgaben ein einheitlicher Reichsstempel treten würde. Die Erhebung eines solchen würde auf Schwierigkeiten nicht stossen, da sie unbedenklich den Assekuranzanstalten überlassen werden könnte. Eine einheitliche Stempelabgabe hat aber allerdings nur eine geringe Aussicht auf Verwirklichung. Sie wird scheitern an dem Widerstande derjenigen, insbesondere kleinen Bundesstaaten, die zur Zeit unverhältnismässig hohe Stempelabgaben erfordern. Jedenfalls aber wird man verlangen müssen, dass eine mehrfache Stempelabgabe für dieselben Versicherungsverträge in verschiedenen Bundesstaaten in Wegfall kommt.

b) Wenden wir uns nunmehr den sonstigen allgemeinen Landesabgaben zu. Wenn die Versicherungsanstalten an und für sich diesen unterworfen sind, so können sie hieraus einen Beschwerdegrund nicht herleiten und haben dies auch nicht gethan. Vielmehr würden sie einen solchen nur daraus entnehmen können, wenn ihnen eine ungerechtfertigte Doppelbesteuerung aufgebürdet würde. In der That liegen auch nach dieser Richtung die verschiedensten Klagen vor.

Eine Doppelbesteuerung ist an und für sich in dreifacher Weise denkbar. Zunächst ist es möglich, dass durch verschiedene Steuergewalten das gleiche Steuerobjekt bei dem gleichen Steuersubjekt besteuert wird; sodann ist es möglich, dass bei verschiedenen Steuersubjekten das gleiche Steuerobjekt durch gleiche Steuergewalten zu Steuern herangezogen wird; endlich ist es möglich, dass durch verschiedene Steuerformen derselben Steuergewalt die gleichen Steuerobjekte und Steuersubjekte besteuert werden.

Dass verschiedene Steuergewalten das gleiche Steuerobjekt bei dem gleichen Steuersubjekte zu Steuern heranziehen, wird für Deutschland durch das Gesetz vom 13. Mai 1870 verhindert. Dieses Gesetz, welches sich immer des Ausdruckes »ein Deutscher« bedient, ist seinem Wortlaute nach nur auf physische Personen anwendbar. Die Anwendbarkeit desselben auch auf juristische Personen kann aber keinem Zweifel unterliegen [1]). Richtig bleibt ja allerdings, dass durch widersprechende Entscheidung der Steuerbehörden verschiedener Bundesstaaten die Versicherungsgesellschaften gleichwohl einer Doppelbesteuerung unterworfen werden können. In solchen Fällen würde denselben jedoch unbenommen sein, sich schliesslich beschwerdeführend an den Bundesrat zu wenden [2]). Die hier in Rede stehende Doppelbesteuerung ist also in der Theorie in Deutschland nicht vorhanden, und es ist auch den Assekuranzanstalten die Möglichkeit gegeben, sie praktisch abzuwenden.

Eine Besteuerung des gleichen Steuerobjektes durch die gleiche Steuergewalt bei verschiedenen Steuersubjekten hat, wenigstens in Preussen, schon seit langem in einem sehr wichtigen Falle stattgefunden. Nach dem preussischen Gesetze über die Grund- und über die Gebäudesteuer vom 21. Mai 1861 wird der Ertrag der Grundstücke und Gebäude, auf denen verzinsliche Schulden lasten, ohne Abzug der Zinsen hierfür bei dem Eigentümer der Grundstücke und Gebäude zur Grund- und

[1]) Entscheidung des preussischen Oberverwaltungsgerichtes in Staatssteuersachen Bd. 2 S. 129 und Bd. 3 S. 139.

[2]) Art. 7 Nr. 3 und Art. 76 der Reichsverfassung. — Fuisting, Kommentar zum preussischen Einkommensteuergesetze Berlin 1899 S. 4d.

Gebäudesteuer herangezogen, obwohl der im Genusse der Schuldzinsen befindliche Gläubiger dieselben bei seiner Einkommensteuer ebenfalls zu versteuern hat. Einen weiteren, kaum minder wichtigen Fall der hier in Rede stehenden Art der Doppelbesteuerung hat das preussische Einkommensteuergesetz vom 24. Juni 1891 neu geschaffen[1]). Nach diesem Gesetze werden nicht blos die physischen Personen, sondern auch gewisse juristische Personen, von denen für das Assekuranzwesen vor allem die Aktiengesellschaften in Betracht kommen, zur Einkommensteuer veranlagt. Die steuerpflichtigen juristischen Personen müssen als ihr Einkommen die Überschüsse versteuern, welche sie als Aktienzinsen oder Dividenden an ihre Mitglieder verteilt haben[2]), insoweit dieselben eine $3\frac{1}{2}\%$ Verzinsung des Aktienkapitals übersteigen. Dessen ungeachtet müssen aber die Aktionäre oder sonstige Mitglieder der steuerpflichtigen juristischen Personen ihre ganzen Aktienzinsen oder Dividenden auch noch ihrerseits versteuern. Auf diese Weise werden in der That die Überschüsse der steuerpflichtigen juristischen Personen, insoweit sie eine $3\frac{1}{2}\%$ Verzinsung des Aktienkapitals übersteigen, doppelt zur Steuer herangezogen. Man kann darüber streiten, ob die hier in Rede stehende Doppelbesteuerung volkswirtschaftlich zu rechtfertigen ist, jedenfalls handelt es sich hier nicht um eine Benachteiligung, welche speziell die Assekuranzgesellschaften trifft.

Die Besteuerung desselben Steuerobjektes bei demselben Steuersubjekte durch verschiedene Steuerformen derselben Steuergewalt ist in Preussen von früher her, teilweise schon seit der Stein-Hardenberg'schen Zeit, vorhanden und auch durch die Miquel'sche Steuerreform nicht beseitigt worden. Nach der preussischen Steuergesetzgebung wird das Einkommen aus Grundbesitz, Gebäudebesitz und Gewerbebetrieb zunächst durch die Grund-, Gebäude- und Gewerbesteuer betroffen und wird ausserdem noch von der allgemeinen Einkommensteuer überspannt. Jenes Einkommen wird daher in der That bei demselben Steuersubjekte in doppelter Weise von Steuern erfasst. Auch hier kann man darüber zweifelhaft sein, ob diese Doppelbesteuerung volkswirtschaftlich gerechtfertigt ist; jedenfalls aber ist sie eine allgemeine und trifft nicht nur die Versicherungsinstitute.

---

[1]) § 1 Nr. 4 des preussischen Einkommensteuergesetzes.

[2]) § 16 des preussischen Einkommensteuergesetzes.

Die in Bezug auf die sonstigen Landessteuern, ausser der Stempelabgabe, von den Assekuranzgesellschaften erhobenen Klagen wegen Doppelbesteuerung sind mithin ungerechtfertigt.

c) Schliesslich sind die allgemeinen Kommunalabgaben zu besprechen. Naturgemäss haben die Assekuranzinstitute nicht darüber Beschwerde geführt, dass sie überhaupt denselben unterliegen, vielmehr nur darüber geklagt, dass in Ansehung derselben ihnen vielfach eine Doppelbesteuerung aufgebürdet würde. Die allgemeinen Kommunalsteuern treten ganz überwiegend in der Form von Zuschlägen zu den Staatssteuern auf. In sofern nun bereits bei diesen das gleiche Steuerobjekt entweder bei verschiedenen Steuersubjekten oder durch verschiedene Steuerformen bei demselben Steuersubjekt ergriffen wird, muss dies auch bei den Gemeindezuschlägen dazu führen. Ebensowenig aber, wie diese beiden Formen der Doppelbesteuerung bei den Staatssteuern speziell den Versicherungsanstalten einen Beschwerdegrund bieten können, so können sie dies auch bei den Gemeindezuschlägen nicht thun.

Anders liegt der Fall, wenn verschiedene Steuergewalten, mögen es Kommunen desselben Staates oder verschiedener Staaten sein, das gleiche Steuerobjekt mehrfach besteuern. In Preussen waren bis zum Inkrafttreten des Gewerbesteuergesetzes vom 24. Juni 1891 und des Kommunalabgabengesetzes vom 14. Juli 1893 in dieser Beziehung vielfach Unzuträglichkeiten hervorgetreten. Durch jene beiden Gesetze sind sie dagegen behoben worden, indem durch dieselben nach der Richtung hin Fürsorge getroffen worden ist, dass weder in Ansehung der Einkommen[1], noch in Ansehung der Gewerbesteuer[2] eine Doppelbesteuerung durch verschiedene preussische Kommunen stattfinden kann. Diese Gesetzgebung ist übrigens auch für die Fälle, in denen preussische Kommunen mit ausserpreussischen zusammentreffen, wenigstens für die preussischen Kommunen von Bedeutung. Das preussische Oberverwaltungsgericht hat nämlich schon durch die Entscheidung vom 4. Dezember 1888 ausgesprochen[3], dass auch in solchen Fällen die damalige, allerdings unvollkommene, preussische Gesetzgebung zur Vermeidung der kommunalen Doppelbesteuerung bei Aus-

[1]) § 47 ff. § 71. § 92 preuss. Kommunalabgabengesetz.

[2]) § 38 preuss. Gewerbesteuergesetz.

[3]) Entscheidung des preuss. Oberverw.-Gerichts Bd. 10 S. 229.

übung des Besteuerungsrechtes von seiten der preussischen Gemeinden eine analoge Anwendung zu finden habe, was naturgemäss auch von der inzwischen erfolgten neueren Gesetzgebung hierüber gelten muss. Der preussischen Gesetzgebung gegenüber liegt daher für die Assecuranzanstalten ein Beschwerdegrund nicht vor.

Die kommunale Besteuerung in den ausserpreussischen Bundesstaaten kann dagegen allerdings den Versicherungsgesellschaften einen materiellen Anlass zu Beschwerden bieten, und es kann das Reich sie hiergegen nicht schützen. Gesetzliche Bestimmungen zur Vermeidung der hier in Rede stehenden Form der Doppelbesteuerung sind weder in dem lediglich auf Staatssteuern bezughabenden Gesetze vom 13. Mai 1870 noch in sonstigen Reichsgesetzen getroffen worden. Die sich hieraus ergebende Gefahr einer Doppelbesteuerung ist an und für sich bei den Versicherungsanstalten nicht grösser als bei den sonstigen Steuersubjekten, wenn schon bei ihnen infolge ihres oft sehr weit ausgedehnten Geschäftsbetriebes sie sich ganz besonders häufig praktisch verwirklichen mag. Eine Hilfe hiergegen wird gleichwohl seitens des Reiches in absehbarer Zeit nicht erhofft werden können. Ein Reichsgesetz zur Vermeidung der Doppelbesteuerung auf kommunalem Gebiete würde mit der Kommunalsteuergesetzgebung der sämtlichen deutschen Bundesstaaten rechnen müssen und, da diese noch mannigfaltiger ist, als deren Staatssteuergesetzgebung, auf z. Zt. wenigstens nicht überwindliche Schwierigkeiten stossen.

II. Sodann müssen noch die öffentlichen Abgaben erörtert werden, welche in einzelnen Bundesstaaten speciell den Versicherungsanstalten auferlegt sind. Zunächst wird in einigen Bundesstaaten für die polizeiliche Genehmigung des Abschlusses von Feuerversicherungsverträgen eine Gebühr[1]) erhoben. Ob dies gerechtfertigt ist, mag dahingestellt bleiben. Die Abschaffung der sog. Präventivkontrolle kann ja nur noch eine Frage der Zeit sein (vergleiche unten S. 102), und mit ihr fällt naturgemäss auch eine etwaige Berechtigung für jene Gebühr.

[1]) Gebühren für polizeiliche Genehmigungen des Abschlusses von Feuerversicherungen erheben: Königreich Sachsen, Grossherzogtum Sachsen-Weimar, Herzogtum Braunschweig, Fürstentümer Waldeck und Lippe-Detmold.

Ferner werden die Assekuranzanstalten in verschiedenen Bundesstaaten zu Beiträgen für das Feuerlöschwesen[1]) und zur Unterstützung für verunglückte Feuerwehrleute und deren Hinterbliebene[2]) herangezogen. Diese Gebühr ist ungerechtfertigt, obschon der deutsche Landwirtschaftsrat[3]) sich noch neuerdings auf entgegengesetzten Standpunkt gestellt hat.

Zunächst ist im allgemeinen zu bemerken, dass zweckdienliche Löscheinrichtungen nicht nur der Erhaltung solcher Güter dienen, welche überhaupt den Gegenstand von Feuerversicherungsverträgen bilden können, sondern auch der Erhaltung anderer Güter, vor allem derjenigen von Menschenleben, zu Gute kommen. Anlangend weiter die Güter, welche überhaupt den Gegenstand von Feuerversicherungsverträgen bilden können, so dienen gute Löscheinrichtungen ihnen nicht nur dann, wenn sie Personen gehören, welche versichert sind, sondern auch dann, wenn sie Personen gehören, welche nicht versichert sind. Insoweit sie zunächst Personen gehören, welche nicht versichert sind, so liegt es auf der Hand, dass Brandschäden für sie weit empfindlicher sind, als für solche Personen, welche versichert sind, und dass daher die durch gute Löscheinrichtungen herbeigeführte Verhinderung derselben für jene weit mehr, als für die Letzteren von Bedeutung ist. Insoweit sie sodann Personen gehören, welche versichert sind, so haben diese von guten Löscheinrichtungen in der Weise Nutzen, dass in Orten mit solchen infolge des geringern Risikos die Versicherungsprämien niedriger sind. Freilich wird die Ermässigung der Prämien einer fortschreitenden Verbesserung der Löscheinrichtungen nicht auf dem Fusse folgen. Diese schrittweise Erniedrigung der Versicherungspreise hat zu der Behauptung geführt, trotz der besten Löschvorkehrungen würden die Prämiensätze doch nicht geringere und es kämen daher jene so gut wie ausschliesslich nicht den Versicherten, sondern den

[1]) Es erheben Feuerlöschbeiträge: Die Königreiche Bayern, Sachsen und Württemberg, die Grossherzogtümer Hessen-Darmstadt, beide Mecklenburg, Sachsen-Weimar, die Herzogtümer Sachsen-Altenburg, Sachsen-Meinigen, Sachsen-Koburg-Gotha, Anhalt, die Fürstentümer beide Schwarzburg, beide Reuss, Lippe-Detmold, die Stadt Hamburg.

[2]) Beiträge an Unterstützungskassen für Feuerwehrleute erheben: die Grossherzogtümer Mecklenburg und das Fürstentum Lippe-Detmold.

[3]) Vergl. dessen Verhandlung auf der 27. Plenarversammlung S. 429.

Assekuranzanstalten zu gute, sodass sich deren Heranziehung zu Beiträgen für das Feuerlöschwesen sehr wohl rechtfertige. Diese Anschauung dürfte nicht richtig sein. Bei den auf dem Grundsatze der Gegenseitigkeit aufgebauten Versicherungsvereinen werden selbstverständlich infolge guter Löscheinrichtung die Versicherungsbeiträge fallen. Diesem Beispiele werden die Aktiengesellschaften schon aus dem Grunde folgen müssen, um gegenüber den Gegenseitigkeitsinstituten konkurrenzfähig zu bleiben. Zudem weist Ziegler[1]) nach, dass z. B. in Berlin für Risiken von Durchschnittsprämiensätzen zu 1½—3‰ vor Einführung der Feuerwehr diese Sätze auf ⅔—1‰, in Breslau unter gleichen Umständen von 1—2‰ auf ¾—1‰, in Magdeburg von 1—3½‰ auf ⅔—2¼‰ gesunken sind. Es bleibt mithin den Assekuranzanstalten von einem guten Löschwesen nur der Vorteil, dass sie eventuell noch eine Zeit lang die früheren höheren Prämiensätze fortbehalten. Dies haben aber unsere grossen führenden Gesellschaften dadurch auszugleichen gesucht, dass sie für die Einrichtung von Feuerwehren u. s. w. von jeher freiwillige Beiträge geleistet haben.

Ein Reichsversicherungsgesetz hätte daher u. E. am besten die hier in Rede stehenden Löschbeiträge aufzuheben. Sollte dies an dem Widerstande der Einzelstaaten scheitern, so müsste wenigstens im Gesetz eine Grenze gezogen werden, bis wieweit die Bundesstaaten jene Abgabe erheben dürfen (vergl. oben, S. 29, die dementsprechenden Bestimmungen des Schweizer-Vers.-Gesetz).

§ 12.

Der Entwurf.[2])

Betrachten wir nunmehr, welche Stellung der Deutsche »Entwurf eines Gesetzes über die privaten Versicherungsunternehmungen« dem Assekuranzwesen gegenüber einnimmt.

[1]) Ziegler, Denkschrift zum 25jährigen Bestehen des Verbandes der Privat-Feuerversicherungsgesellschaften Berlin 1897 S. 101.

[2]) cfr. Verhandlungen des 25. deutschen Handelstages zu Berlin S. 3 ff.; Verhandlungen der 27. Plenarversammlung des Deutschen Landwirtschaftsrats S. 402 ff.; Denkschrift des Verbandes Deutscher Privat-Feuerversicherungsgesellschaften; Denkschrift des Verbandes Deutscher Feuerversicherungsgesell-

Der Entwurf regelt im Prinzip nur die öffentlich-rechtliche Seite des Versicherungswesens[1]). Er zerfällt in 9 Abschnitte und umfasst 117 Paragraphen. Der erste Abschnitt enthält Einleitungs-, der letzte Schluss-, der vorletzte Strafbestimmungen. Der zweite regelt die Zulassung zum Geschäftsbetrieb, der dritte die Versicherungsvereine auf Gegenseitigkeit[2]), der vierte die Geschäftsführung der Versicherungsanstalten, der fünfte die Beaufsichtigung der Versicherungsanstalten, der sechste die Rechtsverhältnisse der ausländischen Versicherungsanstalten, der siebente die Anwendbarkeit des Gesetzes auf die beim Inkrafttreten des letzteren zum Geschäftsbetriebe befugten Anstalten.

Der § 1 des Entwurfes bestimmt: »Privatunternehmungen, welche den Betrieb von Versicherungsgeschäften zum Gegenstande haben (Versicherungsanstalten), unterliegen der Beaufsichtigung nach Massgabe dieses Gesetzes«, und im § 4 heisst es: »Versicherungsanstalten bedürfen zum Geschäftsbetriebe der Erlaubnis der Aufsichtsbehörde«. Der Entwurf steht mithin, was wir vollkommen billigen, auf dem Betriebsüberwachungs- und Konzessions-System, und zwar sieht er, wie wir im Laufe der folgenden Erörterungen noch sehen werden, nicht eine formelle, sondern eine weitgehende materielle Staatsaufsicht vor.

I. Sehen wir zunächst zu, welchen **Wirkungskreis** das Reichsversicherungsgesetz haben soll.

A. Der Entwurf unterwirft alle Assekuranzzweige der Reichsgesetzgebung und der Staatsaufsicht. Nur die Transport-

---

schaften auf Gegenseitigkeit; Eingabe des Internationalen Transportversicherungsverbandes an den Reichskanzler; Erklärung des Verbandes Deutscher Lebensversicherungsgesellschaften. Samwer, in der Nation, Wochenschrift für Politik, Volkswirtschaft und Litteratur 16. Jahrg. Nr. 12; Einhauser, in der Zeitschrift für die gesamte Staatswissenschaft 25. Jahrg. Heft 2. Ehrenberg, in der Deutschen Juristenzeitung 4. Jahrg. Nr. 6. Baumgartner, in der Zeitschrift für Versicherungsrecht und -Wissenschaft 5. Bd. Heft 1 S. 1 ff. und Heft 4/5 S. 353 ff. Einige Artikel der Weser-Zeitung, abgedrukt in Masius Rundschau Neue Folge 10. Jahrg. S. 368 ff.

[1]) cfr. oben S. 9 Anmerk. 1.

[2]) Auf diesen Abschnitt des Entwurfes werden wir in unseren Erörterungen nicht weiter eingehen, da er fast ausschliesslich privatrechtlicher Natur ist. Zudem ist grade dieser Teil des Entwurfes ausgezeichnet und dürften an ihm nur recht unerhebliche Aussetzungen zu machen sein.

und die Rückversicherung sind von einigen Vorschriften des Entwurfes freigelassen (§ 8, 10, 81), und es ist ferner durch § 110 der Bundesrat dazu ermächtigt, für einzelne Versicherungszweige die Vorschriften der Abschnitte I, II, IV und V des Gesetzes ganz oder teilweise ausser Anwendung zu setzen. Wir können diesen Vorschlägen nicht beitreten und verweisen dabei auf unsere obigen Darlegungen (S. 55ff.), welche zu dem Resultate führten, es sollten nur die Lebens-, Unfall-, Feuer-, Hagel- und Vieh-Versicherung der Staatsaufsicht unterstellt werden. Man kann, so möchten wir glauben, die Aufgaben des Staates sehr weit bemessen und wird doch sagen müssen, in einem Staatswesen, das weder patriarchalisch noch sozialistisch ist, überschreite der Staat die ihm obliegenden Aufgaben und greife zu tief in das wirtschaftliche Leben ein, wenn er Versicherungszweige, die entweder volkswirtschaftlich eine sehr geringe Bedeutung haben, oder für welche staatliche Überwachung aus anderen Gründen unnötig ist (Transport- und Rück-Versicherung), seiner Aufsicht unterstellt.

Wir würden daher rücksichtlich der Frage, inwieweit das Reichsversicherungsgesetz in die einzelnen Assekuranzzweige einzugreifen hätte, folgendes empfehlen:

a) Zunächst müsste das Gesetz einen Abschnitt enthalten, der sich auf alle Versicherungszweige bezieht. In diesem Abschnitte wäre folgendes vorzusehen:

1. Erstens wäre zu bestimmen, dass die Versicherungsanstalten vor der Eröffnung des Betriebes den Gesellschaftsvertrag bezw. die Satzung der Aufsichtsbehörde einzureichen hätten, die aber nur zu prüfen hätte, ob vom Standpunkt der Sittlichkeit oder des Gemeinwohls Bedenken gegen den Zweck und die Einrichtung des Unternehmens obwalten.

2. Zweitens wären für die Versicherungsanstalten gewisse Publikationen vorzuschreiben.

3. Drittens wäre für die Gegenseitigkeitsvereine die privatrechtliche Seite zu ordnen.

b) Sodann müsste das Gesetz einen zweiten Abschnitt enthalten, welcher sich nur auf die fünf mehrfach gedachten Versicherungszweige bezieht.

In diesem Abschnitte wäre das Konzessions- und Betriebsüberwachungssystem zur Durchführung zu bringen und zwar im allgemeinen in der Weise, wie der Entwurf es allen Assekuranzarten gegenüber vorsieht. Zugleich wäre, etwa am Schlusse dieses Abschnittes, eine Bestimmung dahin zu treffen, dass auf Anordnung des Bundesrates, vorbehaltlich der Genehmigung des nächstfolgenden Reichstages [1]), auch andere als jene fünf Versicherungszweige ganz oder teilweise den Vorschriften auch des zweiten Abschnittes unterworfen werden können.

B. Nach dem Entwurf soll weiter das Gesetz für alle Betriebsformen des Assekuranzwesens gelten. Dem ist beizupflichten (cfr. oben S. 61 ff). Nach § 6 Abs. 2 darf »zum Betriebe der Lebens-, Unfall-, Haftpflicht-, Feuer- oder Hagelversicherung die Erlaubnis ausser an Versicherungsvereine auf Gegenseitigkeit nur an Unternehmungen in der Form von Aktiengesellschaften erteilt werden«. »Bei den genannten Versicherungszweigen«, so bemerken die Erläuterungen [2]), »müssen in Hinblick auf ihre hohe volkswirtschaftliche Bedeutung, ihre allgemeine Verbreitung und die Höhe der regelmässig auf dem Spiele stehenden Interessen, zum Teil auch wegen der in Frage stehenden langfristigen Risiken von den Versicherten besondere Anforderungen an den dauerhaften Bestand und die Kapitalsicherheit einer Unternehmung gestellt werden«. Wir meinen, dass alle diese Gründe ausser auf die erwähnten Assekuranzzweige auch für die volkswirtschaftlich äusserst bedeutsame Viehversicherung zutreffen, und würden daher auch deren Einreihung in die gesetzliche Vorschrift befürworten. Hierbei übersehen wir auch nicht den § 110 Abs. 2, wonach der Bundesrat bestimmen kann, dass die Vorschrift des § 6 Abs. 2 auch auf andere als die dort bezeichneten Versicherungszweige An-

[1]) Der Entwurf will im § 110 dem Bundesrate allein die Befugnis einräumen, für gewisse Fälle die Anwendbarkeit des Gesetzes zu modifizieren. Da wir im Reiche zwei gesetzgebende Faktoren haben, liegt unseres Erachtens keine Veranlassung vor, den einen bei der doch ziemlich wichtigen Sache zu übergehen. Auch haben bereits andere Reichsgesetze ähnliche Bestimmungen, wie die von uns in Vorschlag gebrachten, so z. B. der § 16 letzter Absatz der Gewerbeordnung, wo es heisst: »Durch Beschluss des Bundesrates vorbehaltlich der Genehmigung des nächstfolgenden Reichstages«. cfr. auch die ähnliche Vorschrift im § 7 des Reichsgesetzes vom 14. Mai 1879 betr. den Verkehr mit Nahrungsmitteln, Genussmitteln und Gebrauchsgegenständen (R. G.-B. S. 145).

[2]) S. 57.

wendung findet. Zwar lässt sich nicht verkennen, dass hierdurch dem Bundesrat die Möglichkeit gegeben ist, bei eintretendem Bedürfnisse die Vorschrift des § 6 Abs. 2 weiter auszudehnen. Wir meinen jedoch, dass in Ansehung der Viehversicherung schon jetzt das Bedürfnis vorliegt, sie der Vorschrift des § 6 Abs. 2 zu unterstellen. Für in Zukunft neu hervortretende Bedürfnisse wird die Vorschrift des § 110 beizubehalten sein. Mit Rücksicht darauf, dass wir im Reiche zwei gesetzgebende Faktoren haben, wird sie jedoch dahin modifiziert werden müssen, dass die dem Bundesrat erteilte Ermächtigung ihm nur vorbehaltlich der Genehmigung des nächstfolgenden Reichstags zusteht [1]).

Man wird ferner, was die Betriebsformen des Assekuranzwesens anlangt, dem beitreten können, dass nach § 6 Abs. 1 Personenvereinigungen, welche die Versicherung ihrer Mitglieder nach dem Grundsatze der Gegenseitigkeit betreiben wollen, hierzu künftig ausschliesslich die im Entwurfe eingehend geregelte Form der Versicherungsvereine auf Gegenseitigkeit benutzen dürfen. Die Erläuterungen rechtfertigen dies damit, dass kein ausreichendes Bedürfnis vorliege, für die Gegenseitigkeitsversicherung noch mehr Rechtsformen zur Auswahl zu stellen, nachdem der Gesetzentwurf für die Gegenseitigkeitsvereine eine klare Organisation geschaffen habe. Die Vorschrift des § 6 Abs. 1 richtet sich vornehmlich gegen eingetragene Genossenschaften, welche künftig das Assekuranzgeschäft nicht mehr betreiben dürften. Hierin ist jedenfalls kein Nachteil zu erblicken. Abgesehen davon, dass auch seither sich die eingetragenen Genossenschaften in nur sehr geringem Umfange mit Versicherungen beschäftigt haben [2]), muss man den Erläuterungen darin beitreten, dass die angeblichen Vorzüge, welche die Genossenschaften zum Versicherungsgeschäft befähigen (räumlich beschränkter Wirkungskreis, persönlicher Zusammenhang und gegenseitige Kontrolle der Mitglieder) »in Wahrheit nicht sowohl die Rechtsform als vielmehr den Umfang der Unternehmungen treffen« [3]). Bereits Schulze-Delitzsch vertrat

---

[1]) cfr. S. 95 Anmerk. 1.

[2]) Nach den Erläuterungen S. 57 waren es 1897 im deutschen Reiche 24, in Preussen 17.

[3]) Erläuterungen S. 56.

übrigens die Ansicht, die eingetragenen Genossenschaften sollten sich nicht mit dem Versicherungsgeschäft abgeben. Er begründete dies damit, dass der Staat, während bei den Versicherungen fast durchweg Konzession und Staatsaufsicht stattfinde, sich um die Genossenschaften möglichst wenig kümmern solle. Auch scheinen die Genossenschaften mit dem Vorschlage des Entwurfes einverstanden zu sein. »Es wird gewiss in den Kreisen der Genossenschaften« — so schreiben die Blätter für Genossenschaftswesen [1]) — »volle Billigung finden, dass der im deutschen Reichsanzeiger bekannt gegebene Entwurf die privaten Versicherungs-Unternehmungen von der Bildung einer Versicherungsgesellschaft in der Form der eingetragenen Genossenschaft für die Zukunft ausschliesst«.

C. Der Entwurf erstreckt sich auch auf die kleineren Assekuranzinstitute. Soweit sie Gegenseitigkeitsvereine sind, »die bestimmungsgemäss einen sachlich, örtlich oder hinsichtlich des Personenkreises eng begrenzten Wirkungskreis haben«, sieht der § 52 für sie gewisse Erleichterungen vor. Alles dies halten wir für zutreffend (cfr. oben S. 62ff.). Wie der Entwurf die Beaufsichtigung dieser kleinen Vereine regelt, darauf kommen wir noch zu sprechen.

D. Der Entwurf zieht endlich die öffentlichen Versicherungsanstalten nicht in sein Bereich. Sie sollen nach wie vor der Landesgesetzgebung unterworfen bleiben. Wir halten das für durchaus unrichtig (cfr. oben S. 63ff.). Es erscheint uns jedoch zwecklos, uns über die Notwendigkeit der Einziehung auch der öffentlichen Institute in das Reichsgesetz noch ausführlicher auszulassen. Sowohl die Reichsregierung als auch, gelegentlich der Beratungen des preussischen Versicherungsbeirates [2]), die preussische Regierung haben ganz unzweideutig erklärt, dass hierzu nicht die geringste Aussicht vorhanden sei. Der Grund hierfür ist offenbar ein politischer. Die einzelnen Bundesstaaten sind eben nicht dafür zu haben, dass sie die Gesetzgebung über ihre Landesversicherungsanstalten aufgeben, und so würde der Entwurf, falls er dieser Stellungnahme nicht

[1]) In Nr. 4 vom 28. Januar 1899.

[2]) cfr. dessen Verhandlungen bei Masius Rundschau 9. Jahrg. (1899) Heft 1/2 S. 6ff.

Rücksicht tragen würde, im Bundesrate abgelehnt werden. Wir meinen jedoch, es wäre erwünschter gewesen, die Erläuterungen hätten diesen wirklichen Grund für den in Aussicht genommenen Ausschluss offen angegeben; denn sachlich kann er, wie wir oben sahen, nicht gerechtfertigt werden.

Wollte man sich aber schliesslich damit zufrieden geben, dass die bestehenden öffentlichen Anstalten weiterhin der Landesgesetzgebung unterstehen, und dass die bestehenden Monopolrechte ihnen erhalten bleiben, so ist es um so entschiedener zu missbilligen, dass nach dem Entwurf auch die künftig entstehenden öffentlichen Assekuranzinstitute ausserhalb der Reichsgesetzgebung bleiben sollen, und dass auch künftighin ohne die Zustimmung irgend einer Reichsinstanz die Schaffung neuer oder die Erweiterung vorhandener Monopolrechte durch die Landesbehörde möglich bleiben soll. Auf diese Weise können die Einzelstaaten ganz unabhängig vom Reiche das Versicherungswesen oder einzelne Zweige desselben monopolisieren und der Reichsgesetzgebung entziehen. Nehmen wir beispielsweise an, im Königreich Sachsen bestände eine grössere, vom Reiche konzessionierte Hagelversicherungsanstalt, die ihrem Sitze und ihrer Anlage nach vorwiegend für dieses Königreich bestimmt ist; nun errichte auf einmal Sachsen ein öffentliches Hagelversicherungsinstitut, bei welchem sich alle Landwirte versichern müssten, oder wenigstens diejenigen, welche überhaupt ihre Feldfrüchte versichern wollen. Hierdurch würde die reichsgesetzlich zugelassene Versicherungsanstalt einfach lahmgelegt werden. Es liegt auf der Hand, dass dieser Zustand ein unbefriedigender wäre. Mögen nach wie vor öffentliche Anstalten errichtet werden, aber mögen sie dem Reichsgesetz unterstellt werden und in freier Konkurrenz mit den privaten wetteifern. Das versicherungnehmende Publikum wird hierbei am besten fahren. Die öffentlichen Anstalten werden sich mehr wie bisher den Verkehrsbedürfnissen anpassen und büreaukratische Neigungen aufgeben, die privaten werden sich bemühen, möglichst billig zu sein, und dass sie dabei nicht unsolide werden, darüber wird die Aufsichtsbehörde zu wachen haben. Und auch bei der freien Konkurrenz werden die öffentlichen Institute noch im Vorteil sein. Das Vertrauen, welches die privaten sich erst beim Publikum erwerben müssen, fällt ihnen von selbst in den Schoss, schon wegen des Umstandes, weil sie eben staatlich oder kommunal geleitet sind.

Man wird daher wünschen müssen, dass wenigstens die neu zu errichtenden öffentlichen Versicherungsanstalten der Reichsgesetzgebung unterworfen werden, und dass die Verleihung von Monopolrechten künftig höchstens nach Zustimmung einer Reichsinstanz zulässig wäre.

II. **Konzessionierung und Beaufsichtigung.** Nach dem Entwurf »darf die Erlaubnis zum Geschäftsbetriebe nur versagt werden, wenn die dauernde Erfüllbarkeit der aus den Versicherungen sich ergebenden Verpflichtungen nicht genügend gewährleistet erscheint, oder vom Standpunkte des Gemeinwohls Bedenken gegen den Zweck und die Errichtung des Unternehmens zu erheben sind« (§ 7). Die hier geforderten Voraussetzungen der Konzession decken sich im grossen und ganzen mit den von uns oben (S. 67 ff.) als notwendig bezeichneten, und wir stimmen daher im allgemeinen diesem Paragraphen des Entwurfes zu, obschon derselbe wegen seiner angeblich kautschukartigen Fassung und wegen der grossen Machtvollkommenheit, welche er der Aufsichtsbehörde einräumt, von der Versicherungspresse fast durchweg scharf angegriffen worden ist. U. E. ist dieser Paragraph lediglich ein naturgemässer Ausfluss des Konzessionssystems. Allerdings wird man verlangen müssen, dass die in ihm vorgesehenen Bedenken »erhebliche« sein müssen, und dass dies auch in das Gesetz aufgenommen wird. Was weiter das Wort »Gemeinwohl« anlangt, so soll nach den Erläuterungen unter dem Gesichtspunkte des Gemeinwohls vorwiegend dreierlei geprüft werden: erstens, ob sich ein bestimmtes Vermögensinteresse als Gegenstand eines geschäftsmässigen Versicherungsbetriebes eignet, zweitens, ob die Art des Versicherungsbetriebes, insbesondere die Versicherungsbedingungen, eine Gefährdung des Gemeinwohls in sich schliessen, drittens, ob durch die persönlichen Eigenschaften des Unternehmers die Solidität des Geschäftsbetriebes gefährdet wird. Wir würden es, um dem allerdings flüssigen Begriff »Gemeinwohl« eine einigermassen feste Basis zu geben, für erwünscht halten, wenn die angeführten Fälle wenigstens als Beispiele in das Gesetz aufgenommen würden und der § 7 daher fortfahren würde: »Solche Bedenken liegen insbesondere vor, wenn ....« Ausserdem wäre dem § 7 hinzuzufügen: »Wegen persönlicher Unzuverlässigkeit des Unternehmers darf die Genehmigung nur versagt werden, wenn gegen diesen erhebliche, die Unzuverlässigkeit begründende Thatsachen vorliegen« (cf. oben S. 68).

Ferner soll nach dem Entwurf (§ 5) die Erlaubnis unabhängig von dem Nachweis eines Bedürfnisses, ohne Zeiteinschränkung und der Regel nach für den Umfang des Reichs erfolgen (cf. oben S. 71 ff.). Bestimmte Forderungen für die finanzielle Sicherheit einer Anstalt stellt der Entwurf nicht auf; er schreibt weder die Höhe des für Aktiengesellschaften notwendigen Grundkapitals, noch den Betrag des für Gegenseitigkeitsvereine erforderlichen Gründungsfonds vor, noch, ob auch eine Kaution zu stellen ist (cf. oben S. 68). An alledem dürfte nichts auszusetzen sein.

Weiterhin liegt es nach dem Entwurfe der Aufsichtsbehörde ob, den Geschäftsbetrieb der Versicherungsanstalten, insbesondere die Befolgung der gesetzlichen Vorschriften und die Einhaltung des Geschäftsplanes zu überwachen (§ 62); sie ist daher befugt, »jederzeit die Geschäftsführung und Vermögenslage einer Anstalt auch nach der Richtung zu prüfen, ob die veröffentlichten Rechnungsabschlüsse und die Jahresberichte mit den Thatsachen und dem Inhalte der Bücher übereinstimmen und ob die vorschriftsmässigen Reserven vorhanden und vorschriftsmässig belegt und verwaltet sind« (§ 63). Die den Prämienreservefonds bildenden Bestände der Lebensversicherungsanstalten sollen wie Mündelgelder angelegt werden (§ 59). Diesen Vorschlägen ist mit der Massgabe beizutreten, dass, soweit die Anlage der Prämienreserve durch Beleihung von Grundstücken erfolgt, die Vorschriften des Hypothekenbankgesetzes vom 13. Juli 1899 entsprechende Anwendung zu finden haben (cf. oben S. 74). Zur Durchführung des Aufsichtszweckes kann die Aufsichtsbehörde nach dem Entwurf auch die Bücher und Schriften einer Anstalt prüfen und von dem Personal Auskunft verlangen. Hier wäre nur zu wünschen, dass die Einsicht in die Bücher und die Einholung von Auskunft nur bei den verantwortlichen Leitern einer Anstalt erfolgen darf, bei den sonstigen Beamten einer Anstalt aber nur unter oder nach Benachrichtigung der Geschäftsleiter (cfr. oben S. 75). Die Aufsichtsbehörde kann weiter zu den Versammlungen und Sitzungen der satzungsmässigen Organe der Anstalten Vertreter entsenden und nötigenfalls die Einberufung solcher Versammlungen verlangen und selbst vornehmen (§ 63), auch kann sie »jeden ihr erforderlichen Beweis erheben, insbesondere Zeugen und Sachverständige, auch eidlich, vernehmen oder vernehmen lassen«. (§ 72). »Jede Änderung des Geschäftsplanes ist der Aufsichtsbehörde anzuzeigen und bedarf, bevor sie in Kraft gesetzt wird, ihrer Genehmigung«, welche nur aus bestimmten Gründen versagt werden darf (§ 13, cfr. oben S. 75). Auch muss die Fusion von Versicherungsanstalten die Aufsichtsbehörde genehmigen (§ 14; cfr. oben S. 75). Alles dieses sind notwendige Konsequenzen des Konzessions- bezw. Betriebsüberwachungs-Systems, welchen wir zustimmen müssen. »Wenn sich bei der Prüfung der Geschäftsführung oder der Vermögenslage einer Anstalt so schwere Missstände ergeben, dass bei Fortsetzung des Geschäftsbetriebes die Rechte der Versicherten oder das Gemeinwohl gefährdet sind, so ist die Aufsichtsbehörde befugt, den Geschäftsbetrieb zu untersagen« und Sicherheitsmassregeln zu treffen (§ 65). Die Aufsichtsbehörde kann den Antrag auf Eröffnung des Konkurses über das Vermögen einer Versicherungsanstalt stellen, »von ihr ausschliesslich darf dieser Antrag wegen Überschuldung gestellt werden« (§ 66). Erscheint es in solchen Fällen der Aufsichtsbehörde richtiger, den Konkurs zu vermeiden, so kann sie gewisse Anordnungen treffen, ja sogar »die Verpflichtungen einer Lebensversicherungsanstalt ermässigen, jedoch um höchstens $33\frac{1}{3}$ pCt.« Allen diesen Vorschlägen ist mit der Massgabe beizutreten, dass zu der letztgenannten Ermässigung die Zustimmung der Versicherten eingeholt werden muss (cfr. oben S. 77). Ferner soll die Aufsichtsbehörde jährlich »Mitteilungen über den Stand der Versicherungsanstalten, sowie über Wahrnehmungen auf dem Gebiete des Versicherungswesens veröffentlichen« (§ 77). Hier wird man nur noch verlangen müssen, dass die Publikationen allgemeiner Natur sind (cfr. oben S. 77).

Abgesehen von den angeführten Befugnissen stehen der Aufsichtsbehörde nach dem Entwurf noch eine ganze Reihe anderer zu, welche weniger einschneidender Art sind, und welche wir im einzelnen deshalb hier nicht aufführen wollen[1]).

Der Kreis der Rechte der Aufsichtsbehörde ist also sehr weit gezogen. Wenn wir dem gleichwohl beistimmen, so geschieht dies unter der Voraussetzung, dass die Aufsichtsbehörde vertrauenswürdig zusammengesetzt und ein sachgemässes Verfahren vor ihr eingerichtet wird. Besonders das letztere ist, was wir noch ausführlich besprechen werden, nach dem Entwurf nicht hinreichend der Fall.

Endlich sei noch bemerkt, dass der Entwurf »die landesgesetzlichen Vorschriften über die polizeiliche Überwachung des Abschlusses von Feuerversicherungsanträgen« unberührt lässt (§ 113) und somit die sogenannte Präventivkontrolle nicht beseitigt. Dies ist durchaus zu missbilligen (cfr. oben S. 78 ff.). Nachdem die preussische Regierung im preussischen Versicherungsbeirat jedoch erklärt hat[2]), in dem zu erwartenden Gesetz über den Versicherungs**vertrag** werde die Aufhebung der sogenannten Präventivkontrolle vorgesehen sein, ist zu hoffen, dass der führende deutsche Bundesstaat, der an der Überwachung der Feuerversicherungsverträge besonders zähe festhält, schon jetzt die Hand zur Beseitigung dieser partikulären und veralteten Eigentümlichkeit bieten wird.

III. **Die ausländischen Versicherungsanstalten** unterstellt der Entwurf im wesentlichen den nämlichen Bedingungen wie die einheimischen. Die Zulassung zum Geschäftsbetriebe setzt zunächst voraus, dass keiner derjenigen Gründe vorliegt, welche einer inländischen Anstalt gegenüber zur Versagung der Erlaubnis führen würden. Daneben soll auch, wenn alle diese Bedingungen erfüllt sind, der Reichskanzler noch in der Lage sein, die Zulassung nach freiem Ermessen zu verweigern (§ 80). Im übrigen soll jede ausländische Gesellschaft im Inlande einen Hauptbevollmächtigten bestellen müssen, und es soll »die Anstalt für alle Ansprüche aus dem inländischen Versicherungsgeschäfte den allgemeinen Gerichtsstand bei dem Gerichte haben, in

---

[1]) cfr. z. B. die §§ 10 Abs. 3, 21 Abs. 2, 23, 35 Nr. 3, 36 Abs. 2, 42 Abs. 3, 52 Abs. 4, 53, 54, 55 Abs. 2 u. 3, 57 Abs. 2, 59 Abs. 3, 62 Abs. 2, 93, 94 Abs. 4, 95, 116 Abs. 1.

[2]) So berichtet Baumgartner in seiner Zeitschrift für Versicherungsrecht und -Wissenschaft Bd. 5 Heft 4/5 S. 358.

dessen Bezirk sich der Wohnsitz des Hauptbevollmächtigten befindet« (§ 83). Man kann diesen Bestimmungen mit der Massgabe beitreten, dass dieser Gerichtsstand auch bestehen bleibt, wenn die Gesellschaft, ohne Bestellung eines neuen Bevollmächtigten, ihren bisherigen aus dem Inlande zurückzieht, und wenn ferner gesagt wird, wo in diesem Falle die weiteren Prämienzahlungen zu erfolgen haben (vgl. oben S. 82). Im weiteren schreibt der Entwurf, allerdings nur in Bezug auf Lebensversicherungsanstalten, vor, dass diese den ganzen Prämienfonds, der aus ausländischen Geschäften herrührt, sicher zu stellen haben (§ 84). Auch dem ist beizupflichten; es wäre nur zu wünschen, dass den deutschen Versicherten auch gegen den Rückzug von ausländischen Schadenversicherungsgesellschaften ein gewisser Schutz gewährt würde (vgl. oben S. 83). Endlich soll die Hälfte des Prämienreservefonds bei Lebensversicherungsgesellschaften in verbrieften Forderungen gegen das Reich oder einen Bundesstaat angelegt sein. Diese Bestimmung, welche ja allerdings zur Zeit auch in Preussen besteht, mag den Kurs der deutschen Staatspapiere günstig beeinflussen, kann aber, wenn das Ausland für die deutschen dort arbeitenden Lebensversicherungsinstitute die gleiche Vorschrift einführt, für diese recht nachteilig werden. Sie ist auch ganz ungerechtfertigt. Es ist nicht ersichtlich, warum die Art der Prämienanlegung, welche bei inländischen Gesellschaften als hinreichende Sicherheit angesehen wird, eine minder sichere sein soll, wenn sie seitens ausländischer Institute geschieht.

IV. **Die öffentlichen Abgaben,** welche auf dem Versicherungswesen ruhen, hat der Entwurf gänzlich unberührt gelassen. Zwar ist, wie wir oben (S. 85 ff.) sahen, einerseits bei den — abgesehen von der Stempelabgabe — zur Erhebung gelangenden Staatssteuern für ein Eingreifen der Reichsgesetzgebung überhaupt kein Grund vorhanden, und andererseits ist die Einführung einer einheitlichen Reichsstempelabgabe und die Schaffung von Vorschriften zur Vermeidung einer kommunalen Doppelbesteuerung mit so grossen Schwierigkeiten verbunden, dass auf deren Verwirklichung nicht zu hoffen ist. Als ein Mangel des Entwurfs muss es aber bezeichnet werden, dass weder für die Verhinderung der Heranziehung desselben Versicherungsvertrages zu den Stempelabgaben verschiedener Bundesstaaten, noch für die Beseitigung oder wenigstens Beschränkung der Feuerlöschbeiträge Fürsorge getroffen worden ist.

V. Wenden wir uns nunmehr der Frage zu, von wem die Aufsicht ausgeübt werden soll, vom Reiche oder von den Einzelstaaten, ob also **Reichs- oder Landesaufsicht** stattfinden soll. Der Entwurf unterscheidet nach dieser Richtung zwischen inländischen und ausländischen Versicherungsanstalten. Letztere sollen lediglich vom Reiche beaufsichtigt werden, bei den inländischen soll es darauf ankommen, ob sich ihr Geschäftsbetrieb auf einen oder auf mehrere Bundesstaaten erstreckt; im letzteren Falle soll eine Reichsbehörde die Konzession erteilen und die Anstalt dauernd beaufsichtigen, im ersteren Falle sind diese Aufgaben der betreffenden Landesbehörde mit der Massgabe überwiesen, dass die Beaufsichtigung auf Antrag dieses Bundesstaates und mit Zustimmung des Bundesrates durch kaiserliche Verordnung der Reichsbehörde übertragen werden kann (§§ 2, 3 Abs. 1). Andererseits kann — so heisst es im § 3 Abs. 2 — »der Reichskanzler im Einvernehmen mit den beteiligten Landesregierungen bestimmen, dass Anstalten, deren Geschäftsbetrieb sich zwar über das Gebiet eines Bundesstaates hinaus erstreckt, aber sachlich, örtlich oder hinsichtlich des Personenkreises eng begrenzt ist, durch die Bundesbehörde desjenigen Bundesstaates beaufsichtigt werden, in dessen Gebiet sie ihren Sitz haben.« Während also künftig, abgesehen von den öffentlichen Versicherungsanstalten, alle Assekuranzinstitute, sowohl die grossen wie die kleinen, den Bestimmungen des Entwurfes und somit der Reichsgesetzgebung unterliegen sollen, soll die Aufsicht über die Versicherungsanstalten auch ferner eine geteilte bleiben, indem neben der Reichsaufsicht auch Landesaufsicht vorgesehen ist. Damit aber die Reichsbehörden in möglichst enger Fühlung mit den Landesbehörden bleibt, kann nach § 69 die Bestellung besonderer Kommissare bei einzelnen Versicherungsanstalten erfolgen, und es ist hierbei, wie die Erläuterungen (S. 48) bemerken, vorzugsweise an die Heranziehung von Landesbeamten gedacht. Diese Kommissare sollen im Auftrage und nach Anweisungen der Reichsbehörde die unmittelbare Aufsicht über die ihnen zugeteilten Assekuranzinstitute ausüben.

Alle diese Vorschläge sind Gegenstand mannigfacher Angriffe geworden.

Die einen wünschen, das Reich solle durchweg die Aufsicht führen[1]) oder wenigstens durchweg die Konzession erteilen[2]), möge auch die Aufsicht, insoweit sich die Versicherungsanstalt nur auf einen Bundesstaat erstreckt, von der Landesbehörde ausgeübt werden; andere wieder fordern eine grössere, obligatorische Dezentralisátion der Aufsicht[3]), nicht nur die Möglichkeit der Bestellung von Kommissaren, nach anderen endlich soll die Beaufsichtigung der Versicherungsanstalten nach übereinstimmenden, von der hierzu bestellten Reichsbehörde festzustellenden Grundsätzen durch Landesbehörden ausgeübt werden und zwar ganz oder nach einzelnen Richtungen hin, und es sollen zu diesem Zwecke die kleineren Bundesstaaten eventuell zu Aufsichtszwecken vereinigt werden[4]).

Um zuerst bei dem letzten Vorschlage stehen zu bleiben, so halten wir diesen für durchaus unannehmbar. Wir sahen, dass der Entwurf die Aufsichtsbehörde mit grosser Machtvollkommenheit ausstattet und von ihrem freien Ermessen ausserordentlich viel abhängen lässt. Soll unter diesen Umständen das Versicherungswesen endlich die lang ersehnte Einheit erhalten, und soll nicht noch weiter in der Handhabung der Aufsicht die alte Buntscheckigkeit bestehen bleiben, so kann die Aufsicht nur eine Behörde führen. Diese muss aber gerade in Rücksicht darauf, dass das Assekuranzwesen doch keineswegs an der Landesgrenze Halt macht, eine Reichsbehörde sein. Zu Gunsten der Landesaufsicht wird hauptsächlich geltend gemacht, die Ausübung der Aufsicht werde erleichtert, wenn die sie führende Behörde ihren Sitz in der Nähe der betreffenden Anstalt habe, es könnten dann die lokalen und die persönlichen Verhältnisse der den einzelnen Behörden unterstellten Versicherungsanstalten leichter übersehen und berücksichtigt werden. Das mag richtig sein. Derselbe Erfolg lässt sich aber auch

---

[1]) Diesen Standpunkt vertritt fast die gesamte Versicherungspresse.

[2]) Österreich. Vers.-Zeitg. 25. Jahrg. Nr. 51; Denkschrift des Verbandes Deutscher Privat-Feuerversicherungs-(Aktien-)Gesellschaften S. 10ff.

[3]) Denkschrift des Verbandes Deutscher Feuerversicherungsgesellschaften auf Gegenseitigkeit S. 27.

[4]) So der Bayerische Landwirtschaftsrat, der Sächsische Landeskulturrat und ein Teil des Deutschen Landwirtschaftsrates cfr. die Verhandl. der 24. Plenarversammlung des deutschen Landwirtschaftsrats S. 427 S. 430ff.

anderweitig erreichen. Es darf, was wir befürworten, nicht nur die **Möglichkeit** gegeben sein, bei einzelnen Versicherungsanstalten besondere staatliche Kommissare zu bestellen, es muss vielmehr das Reich **obligatorisch** in einzelne Aufsichtsbezirke geteilt werden, und es muss den an der Spitze solcher Bezirke stehenden Kommissaren die unmittelbare Aufsicht über die in ihrem Sprengel liegenden Anstalten übertragen werden. Diese Kommissare dürften aber nicht den betreffenden Landesbehörden, sie müssten direkt der Reichsbehörde unterstehen. Sie müssten nur deren Delegierte und an deren Weisungen gebunden sein; sonst kommt es u. E. zu keiner einheitlichen Handhabung der Aufsicht. »Die Hauptsache bleibt der ständige Verkehr der Kommissare mit den Versicherungsanstalten, der den ersteren gestattet, allmählich einen Einblick auch in den technischen Betrieb des Versicherungsgeschäfts zu gewinnen. Das ist von einem Zentralpunkte aus natürlich nicht möglich. Sind Reisen erforderlich, so ist es weit besser, dass der Aufsichtskommissar erforderlichen Falls nach Berlin fährt, um im Versicherungsamt Vortrag zu halten und sich dort Instruktionen zu holen, als dass er periodische Instruktionsreisen unternimmt, um da die Versicherungsanstalten zu revidieren«[1]). Abgesehen aber von der Möglichkeit einer erleichterten Aufsicht durch Landesbehörden, spricht alles nicht für letztere, sondern für eine Reichsbehörde. Da die Erläuterungen gerade die Notwendigkeit einer solchen besonders ausführlich und u. E. auch besonders überzeugend besprechen[2]), so wollen wir hier nur einige Hauptgesichtspunkte hervorheben. »Eine solche zentrale Behörde kann aus dem ganzen Gebiete des Reichs am ehesten mit den geeigneten administrativen, juristischen und insbesondere auch mit solchen Kräften ausgestattet werden, denen die erforderliche Erfahrung auf dem Gebiete der Versicherungspraxis und die nötigen Kenntnisse auf dem der Versicherungstechnik innewohnen. Auch würden, wenn man die ausschliessliche Aufsichtsthätigkeit über die grösseren Anstalten Landesbehörden, und zwar etwa desjenigen Bundesstaates übertragen wollte, in dem die betreffende Anstalt ihren Sitz hat, vielfach grosse

[1]) Baumgartner in seiner Zeitschrift Bd. 5 S. 365.
[2]) S. 44 ff.

Anstalten für ihren gesamten Geschäftskreis der Aufsicht von Behörden kleinster Bundesstaaten unterliegen oder unterliegen können.« So würde z. B. die grosse Gothaer Versicherungsanstalt ausschliesslich der Aufsicht des kleinen Herzogtums Sachsen-Koburg-Gotha unterstehen oder, falls man die kleineren Staaten zu Bezirken vereinigen wollte, derjenigen der thüringischen Kleinstaaten, während Preussen, Bayern, Sachsen u. s. w., mit deren Staatsangehörigen doch die bei weitem meisten Versicherungsverträge jener Anstalt abgeschlossen werden, sich jeder Aufsichtsführung über diese zu enthalten hätten. Hierzu kommt, dass der Sitz einer Anstalt ja ganz beliebig gewählt werden kann und hierdurch die Beaufsichtigung, die doch in den einzelnen Bundesstaaten nie eine ganz übereinstimmende sein würde, von Zufälligkeiten oder vom Willen der betreffenden Anstalt abhängen würde. — Auch die Aufstellung allgemeiner Grundsätze durch die Reichsbehörde, nach welchen sich dann die Landesbehörden zu richten hätten, ist nicht möglich. Derartige generelle Normen lassen sich für das Versicherungswesen aus den nämlichen Gründen nicht gut aufstellen, welche auch gegen Normativbestimmungen sprechen. In Bezug auf einige prinzipiell wichtige Fragen des Assekuranzwesens kann man natürlich allgemeine Grundsätze aufstellen, der Hauptsache nach aber wird sich die Aufsicht nach dem einzelnen Fall und nach der Individualität jeder Anstalt zu richten haben.

An dem Prinzip der unmittelbaren Beaufsichtigung der Versicherungsanstalten durch das Reich lässt sich daher u. E. nicht rütteln, und es kann sich nur fragen, inwieweit etwa aus Zweckmässigkeits- oder aus anderen Gründen von diesem Prinzipe Ausnahmen zuzulassen sind. Und da scheint uns der Entwurf, wenn wir zunächst von Preussen absehen, das Richtige getroffen zu haben, indem er die Aufsicht von Anstalten, deren Geschäftsbetrieb auf einen Bundesstaat beschränkt ist, den Landesbehörden überträgt. Von denjenigen, welche die Aufsicht durchweg der Reichsbehörde überweisen wollen, wird stets darauf hingewiesen, gerade für die kleinen, also in nur einem Bundesstaate wirkenden Anstalten, sei eine eingreifende Aufsicht durch das Reich am nötigsten, da sich bisher gerade bei diesen die schwersten Missstände ergeben hätten. Letzteres ist ja nun allerdings richtig, liegt aber in den gegenwärtigen Verhältnissen begründet. Wenn bisher unverhältnismässig viel kleine Versicherungsvereine zusammenbrachen, so lag das einmal daran, dass in gewissen Gebieten, vor allem in den Hansastädten, bisher keine Staatsaufsicht bestand, und dann — was für das ganze Reich gilt — dass es bis jetzt für die Gegenseitigkeitsvereine kein festes Recht giebt. Beides ändert sich, sobald der Entwurf Gesetz wird.

Zunächst müssen auch diejenigen Bundesstaaten, welche bisher eine Beaufsichtigung der Assekuranzinstitute nicht kannten, eine solche einführen. Freilich wird ja auch fernerhin die Beaufsichtigung der Landesbehörden von derjenigen der Reichsbehörde nach wie vor etwas abweichen, ein Übelstand, der sich übrigens, worauf wir noch zurückkommen, durch einen Rekurs gegen die wichtigsten Entscheidungen der Landesbehörde bei der Reichsbehörde erheblich mildern lässt. Immerhin aber wird der Unterschied in der Beaufsichtigung kein so grosser sein, dass zu befürchten ist, es könnten sich die Verhältnisse bei uns derartig gestalten, wie jetzt teilweise in Österreich-Ungarn, wo zahlreiche Gesellschaften, die vor den strengen Vorschriften des österreichischen Assekuranzreglements nicht bestehen können, sich nach Ungarn wenden, um von dort aus auch in Österreich Versicherungsgeschäfte zu betreiben.

Weiterhin regelt der Entwurf, und zwar in ganz ausgezeichneter Weise, das Recht der Gegenseitigkeitsgesellschaften, sodass für diese eine feste juristische Basis geschaffen wird.

Man kann daher ganz ruhig die kleinen Versicherungsanstalten der Aufsicht der Landesbehörden überlassen. Hierfür sprechen zudem noch sachliche und praktische Gründe. Bei diesen kleinen Instituten »sind die Verhältnisse meist einfacher und durchsichtiger und daher von einer ihnen nahestehenden Landesbehörde ausreichend zu überwachen. An dem Geschäftsbetriebe solcher, in der Regel nur einem nachbarlichen Bedürfnisse dienenden Vereine überwiegt das Landesinteresse derart, dass ihre Beaufsichtigung unbedenklich ausschliesslich bei Landesbehörden verbleibt«[1]). Nach der praktischen Seite hin ist zu erwägen, dass bei dem weiten Kreis von Rechten und Pflichten der Aufsichtsbehörde diese zu sehr belastet würde, wenn ihr auch noch die Überwachung der schier zahllosen

[1]) Erläuterungen S. 48.

Sterbe- und Witwenkassen, Viehversicherungsvereine und dergl. übertragen würde. Diese beiden Gesichtspunkte, der sachliche und der praktische, lassen es auch unerwünscht erscheinen, der Reichsbehörde die Erteilung der Konzession vorzubehalten und die Aufsicht der Landesbehörde zuzuweisen.

Nach § 78 des Entwurfes müssen jedenfalls diejenigen Entscheidungen der aufsichtsführenden Landesbehörden, durch welche einer Anstalt der Geschäftsbetrieb untersagt wird, im Wege des Verwaltungsstreitverfahrens in dem betreffenden Bundesstaate angefochten werden können, während es im übrigen der Landesgesetzgebung überlassen bleibt ob, und eventuell, inwieweit gegen die Entscheidungen der aufsichtführenden Landesbehörde Rechtsbehelfe statthaft sein sollen. Hiermit können wir uns nicht vollständig einverstanden erklären. Mag es immerhin der Bestimmung der Einzelstaaten anheimgegeben sein, gegen welche minderwichtigen Entscheidungen der aufsichtführenden Landesbehörde ein Rekurs zu gewähren ist. Unter allen Umständen meinen wir jedoch, dass gegen deren wichtigste Entscheidungen es Berufung nicht an die Landes-, sondern an die Reichsbehörde geben müsse. Als solche wichtigen Entscheidungen kämen u. E. in Betracht: wenn die Landesbehörde die Erteilung der Erlaubnis zum Geschäftsbetriebe verweigert, wenn sie die Untersagung des Geschäftsbetriebes anordnet, wenn sie den Antrag auf Eröffnung des Konkurses stellt. Ein Rekurs an die Reichsbehörde in den genannten drei Fällen hätte zwei Vorteile. Einmal würden die Landesbehörden im Hinblick auf diese letzten Entscheidungen der Reichsbehörde schon ihr Aufsichtsrecht in möglichster Anlehnung an die Praxis der Reichsbehörde handhaben, und dann würde durch die Einrichtung eines solchen Rekurses in den wichtigsten Fällen für das gesamte deutsche Privatversicherungswesen Einheitlichkeit vorhanden sein, und zwar würde die letztere geschaffen werden, ohne dass die Reichsbehörde zu sehr belastet würde; denn die Fälle, in welchen dieselbe als Rechtsmittelinstanz in Thätigkeit treten muss, werden verhältnismässig seltener vorkommen, besonders wenn sich bei dieser Reichsbehörde hinsichtlich einiger prinzipieller Fragen bereits feste und in weiten Kreisen bekannte Grundsätze ausgebildet haben werden.

Schliesslich möchten wir noch auf etwas hinweisen. Der

§ 2 des Entwurfes überlässt die Aufsicht über die Versicherungsanstalten der Landesbehörde, wenn ihr Geschäftsbetrieb auf das Gebiet eines Bundesstaates beschränkt ist. Infolge des territorialen Umfanges Preussens kann es auf diese Weise leicht vorkommen, dass recht grosse Anstalten der Aufsicht des Reiches entzogen und derjenigen Preussens unterworfen werden. Es bleibt zwar zu hoffen, dass Preussen die Beaufsichtigung grosser, nur in seinem Lande zugelassener Anstalten in Gemässheit des § 3 des Entwurfes auf das Reich wird übertragen lassen. Immerhin aber erscheint es zweckmässig, bereits im Gesetz — in Abänderung des § 2 des Entwurfes — zu bestimmen, dass die Aufsicht über das Assekuranzwesen in allen denjenigen Fällen dem Reich obliege, in welchen sich der Geschäftsbetrieb einer Anstalt auf zwei deutsche Bundesstaaten, oder zwei Provinzen Preussens, oder eine preussische Provinz und einen anderen Bundestaat erstreckt. Diese Vorschrift würde auch nichts Aussergewöhnliches bedeuten, da sich bereits in der Verordnung betr. die Begründung der Revision in bürgerlichen Rechtsstreitigkeiten vom 28. September 1879 [1]) hinsichtlich der Zulässigkeit der Revision die nämlichen Bestimmungen finden.

Wir sind daher hinsichtlich der Frage, ob Reichs- oder Landesaufsicht stattfinden soll, mit den Vorschlägen des Entwurfes mit der Massgabe einverstanden, dass

1. das Reich die Aufsicht führt, wenn der Geschäftsbetrieb einer Anstalt sich über einen Bundesstaat oder über eine preussische Provinz hinaus erstreckt;

2. gegen die wichtigsten Entscheidungen der Landesaufsichtsbehörde Berufung an die Reichsbehörde stattfindet;

3. das Reich durchweg in Aufsichtsbezirke geteilt wird, an deren Spitze Kommissare gestellt werden, denen die unmittelbare Aufsicht über die Versicherungsanstalten zusteht.

VI. Wie soll, das wäre weiter zu erörtern, die **Reichsaufsichtsbehörde organisiert** sein. Der Entwurf sieht eine neu zu schaffende Behörde mit dem Sitz in Berlin vor, welche den Titel »Kaiserliches Privatversicherungsamt« oder »Kaiserliches Aufsichtsamt für Privatversicherungswesen« führen soll. Schön sind beide Titel nicht, vor allem nicht der zuerst erwähnte, bei

[1]) R.-G.-Bl. S. 299.

welchem das unmittelbare Nebeneinanderstehen von »Kaiserlich« und »Privat« etwas eigentümlich wirkt. Auf Titelfragen wollen wir uns jedoch nicht einlassen. Wir halten es überhaupt für unnötig, zur Beaufsichtigung des Assekuranzwesens eine besondere Reichsbehörde ins Leben zu rufen. Wir möchten sie dem Reichsversicherungsamt übertragen. Jede neu zu schaffende Behörde muss sich erst Vertrauen erwerben, und das ist besonders schwierig für eine Behörde, welcher der grösste Teil derjenigen, welche mit ihr hauptsächlich in Berührung kommen, die Versicherungsanstalten, von vorn herein mit einer gewissen Abneigung entgegentreten. Das Reichsversicherungsamt wird sich dieses Vertrauen eher und leichter erwerben, als irgend eine erst zu errichtende Behörde. Denn gerade das Reichsversicherungsamt hat sich durch seine bisherige Thätigkeit in sehr hohem Masse die Achtung und das Vertrauen aller Bevölkerungsklassen, sogar der prinzipiellen Gegner unserer heutigen Gesellschaftsordnung, der Sozialdemokraten, zu erwerben gewusst. Als einziger sachlicher Grund, die Aufsicht nicht dem Reichsversicherungsamt, sondern einer besonderen Behörde zu übertragen, wird angeführt: bei den bisher dem Reichsversicherungsamt unterstehenden Versicherungen handle es sich um vom Reiche selbst betriebene Assekuranzzweige, während doch der Entwurf nur solche treffe, welche der Aufsicht des Reiches unterständen[1]). Wir können das nicht für durchschlagend erachten. Wie vielseitig ist doch die Thätigkeit der meisten Reichsbehörden, und trotz der Neuüberweisung jener Aufsicht hätte das Reichsversicherungsamt immer noch einen scharf begrenzten und nach gewisser Richtung hin zusammenhängenden Wirkungskreis: die Überwachung des gesamten Assekuranzwesens, soweit das Reich in dasselbe eingreift. »Will man eine möglichst gleichmässige Handhabung des gesamten Versicherungswesens — mögen seine einzelnen Zweige auch noch so verschieden sein — nach grossen allgemeinen Gesichtspunkten regeln, will man eine Einheit der Rechtsprechung, eine einheitliche Entwickelung der Versicherungstechnik herbeiführen, so ist das Reichsversicherungsamt die Behörde, der man die neue Materie übermitteln, die man in diesem Sinne nach Be-

[1]) Baumgartner, in seiner Zeitschrift Bd. 4 S. 773.

dürfnis weiter ausbauen, bei der man die ganze Wissenschaft und Praxis vereinigen muss. Nur so wird man eine Zentrale schaffen, die, Achtung gebietend nach aussen und nach innen, frei von jeder Zerstückelung und Zersplitterung ihrer Aufgabe gerecht werden kann und, der Wichtigkeit des Gegenstandes entsprechend, imponierend dasteht, wie die ersten Reichsbehörden — ein Reichsgericht in Versicherungsangelegenheiten«[1]). Zu diesen Gründen treten noch andere hinzu. Wir wünschen eine II. Instanz gegen gewisse Entscheidungen der Aufsichtsbehörde und wollen — wie wir noch sehen werden — als solche ebenfalls das Reichsversicherungsamt in Vorschlag bringen. Weiter spricht auch, worauf wir allerdings den wenigsten Wert legen, auch der Kostenpunkt gegen die Neuschaffung einer Reichsbehörde; »denn« — so schreibt Bödiker[2]) — »schiebt man das bestehende Reichsamt beiseite, so bedarf man eben eines neuen Amtes mit einem besonderen Präsidenten, Büreau- und Registraturvorsteher, mit besonderen Büreaus, Registraturen und Kanzleien, mit einem eigenen Hause und dessen Unterhaltungs-, Heizungs- und Reinigungskosten, kurz mit einer in vieler Hinsicht geradezu doppelten Kostenaufwendung bis hinab zum Botenmeister und Kastellan«.

Befremdlich muss es erscheinen, dass die Erläuterungen sich gar nicht darüber auslassen, weshalb die Aufsicht dem Reichsversicherungsamt nicht übertragen werden soll. Gar so fern lag doch dieser Gedanke nicht, selbst wenn man ihn verwirft, zumals uns Bödiker[3]) berichtet, das Wort »Reichsversicherungsamt« sei zum ersten Male gebraucht worden, als er 1883 den von ihm verfassten Gesetzentwurf über das Assekuranzwesen mit verschiedenen Sachverständigen durchberiet.

Können wir so dem Vorschlag des Entwurfes, ein besonderes Reichsamt für die Beaufsichtigung der Versicherungsanstalten zu schaffen, nicht beitreten, so sind wir im übrigen mit der in Anregung gebrachten Zusammensetzung der Behörde in der Hauptsache einverstanden. Nach dem Entwurf soll das »Kaiserliche Privatversicherungsamt« aus einem Vorsitzenden

---

[1]) Wallmanns Versicherungs-Zeitschrift Jahrg. 33 Nr. 29.

[2]) In Schmollers Forschungen Bd. 16 Heft 4 S. 51.

[3]) l. c. S. 44.

und der erforderlichen Zahl von Mitgliedern bestehen, welche auf Vorschlag des Bundesrats vom Kaiser ernannt werden sollen (§ 68). Ausserdem soll »zur Mitwirkung bei der Aufsicht« bei der Aufsichtsbehörde »ein aus Sachverständigen des Versicherungswesens bestehender Beirat« gebildet werden, dessen Mitglieder ebenfalls der Kaiser auf Vorschlag des Bundesrats zu ernennen hat (§ 70); hier ist an sachkundige, in der Praxis stehende Versicherungsfachleute, vor allem an Direktoren von Assekuranzinstituten gedacht [1]). In der Mehrzahl der Fälle soll die Aufsichtsbehörde allein zu entscheiden haben, und es sind in diesen die Mitglieder des Versicherungsbeirats nur berufen, »das Privatversicherungsamt auf Erfordern bei Vorbereitung wichtiger Beschlüsse gutachtlich zu beraten« (§ 70 Abs. 2). In einigen Fällen (z. B. § 55, § 111) soll die Aufsichtsbehörde verpflichtet sein, vor dem Erlass von Entscheidungen den Versicherungsbeirat zu hören, bei den wichtigsten Entscheidungen jedoch, die im § 71 einzeln aufgeführt werden, soll das Privatversicherungsamt nicht allein, sondern in der Besetzung von drei seiner Mitglieder einschliesslich des Vorsitzenden und von »mindestens« zwei für den einzelnen Fall sachverständigen Mitgliedern des Versicherungsbeirats erkennen. In einem Falle, wenn es sich nämlich um die Untersagung des Geschäftsbetriebes handelt, sollen ausserdem noch zwei richterliche Beamte mitwirken (§ 71 Abs. 2). Diese Verbindung von Büreaukratie und Praxis ist u. E. äusserst glücklich gewählt. Abgesehen von Strafsachen, Zivilsachen, soweit sie Handelssachen sind, und von Verwaltungsstreitverfahren, in welchen Fällen Laien als Richter fungieren, finden wir solche noch im Kolonial-, Zoll- und Eisenbahnwesen vertreten. Über die Zweckmässigkeit der Laienrichter in Strafsachen, wenigstens in der z. Z. in Deutschland bestehenden Organisation, herrscht Streit; hiervon abgesehen, muss man aber unbedingt sagen, das Zusammenwirken von Berufsbeamten mit Männern aus dem praktischen Leben hat sich bisher sehr gut bewährt und wird auch die in Aussicht genommene Aufsichtsbehörde vor Einseitigkeit und

[1]) So bemerkte Gruner als Kommissar des Reichsamtes des Innern in der 27. Plenarversammlung des deutschen Landwirtschaftsrats (vgl. dessen Verhandlungen S. 454).

»Büreaukratismus« bewahren. Der Versicherungsbeirat wird nicht allein der Aufsichtsbehörde einen Teil der Verantwortung abnehmen und diese vor Fehlgriffen bewahren, sondern er wird auch durch seine ständige enge Fühlung mit der Praxis zu verhindern wissen, dass die Assekuranzanstalten zu weit in ihrer Freiheit eingeschränkt werden, und dass das deutsche Privatversicherungswesen in seinem natürlichen Entwickelungsgange gehemmt werde. Die in Vorschlag gebrachte Organisation unterscheidet sich vorteilhaft von der bisherigen in Preussen, wo die Mitglieder des Versicherungsbeirats [1]) auch in den wichtigen Fällen nur gehört werden, ohne mit abstimmen zu dürfen.

Nur zweierlei will an den Bestimmungen des Entwurfes hinsichtlich des Aufsichtsapparats uns nicht gefallen. Erstens vermissen wir die Bestimmung darüber, ob die Aufsichtsbehörde auf dem Büreausystem oder auf dem Kollegialsystem aufgebaut sein soll, ob also die Behörde in einem einzelnen Beamten, dem Vorsitzenden, gipfeln soll, der für alle Massregeln der Behörde auch dann allein verantwortlich ist, wenn ein Teil der Entscheidungen in seiner Vertretung oder in seinem Auftrage von anderen Beamten gefällt wird, oder ob die Behörde aus mehreren Beamten bestehen soll, die nur nach Mehrheitsbeschluss entscheiden können. Dieser Mangel wird zu beseitigen sein, wobei nach unserer Meinung dem Kollegialsystem der Vorzug zu geben sein wird, zumal der Entwurf im § 71 — allerdings nur für einzelne Fälle — dieses System bereits selbst vorsieht.

Zweitens finden wir es unrichtig, dass bei den wichtigen Entscheidungen »mindestens« zwei Mitglieder des Versicherungsbeirates mitentscheiden sollen. Wir würden es für erwünschter halten, die Zahl fest zu bestimmen, um so auch den Schein zu vermeiden, dass durch die Heranziehung einer grösseren oder kleineren Zahl von Sachverständigen ein Einfluss auf die Gestaltung des Urteils ausgeübt werden soll.

Über die Gestaltung der Aufsichtsbehörde — freilich ja einer der wichtigsten Punkte des Entwurfs — sind die verschiedensten, sich teilweise schroff gegenüberstehenden Abänderungsvorschläge gemacht worden. Es handelt sich dabei vorwiegend um die Gestaltung des Versicherungsbeirates und um das Zahlenverhältnis zwischen den Berufsbeamten und den

[1]) cfr. oben S. 53 Anmerk. 1.

Sachverständigen bei den hauptsächlichsten Entscheidungen. Hierauf wollen wir etwas näher eingehen.

a) Am weitesten — hinsichtlich der Verwendung von Männern aus der Praxis bei der Aufsichtsbehörde — geht folgendes Verlangen: »Im Privatversicherungsamt sollten lediglich Assekuranzfachleute das Wort führen und Stimme haben, denn ihnen allein könne eine zutreffende Beurteilung bei Erwägung und Entscheidung der einschlägigen technischen, geschäftlichen und wirtschaftlichen Fragen beigemessen werden. Für Rechtsfragen des Versicherungsrechts möge man behufs Erteilung sachverständiger Rechtsgutachten einen Syndikus beim Privatversicherungsamt einstellen.«[1]) Es liegt unseres Erachtens auf der Hand, dass dieser Vorschlag zurückzuweisen ist. Der Staat kann unmöglich darein willigen, dass die Aufsichtsfunktionen ausschliesslich durch Personen aus dem Kreise derer wahrgenommen werden, die eben überwacht werden sollen. Wo bliebe die Autorität des Staates, auf welche gefährliche Brücke würden wir treten, wenn die einzelnen Stände das Verlangen erheben und durchsetzen würden, dass nicht staatliche Beamte, sondern sachverständige Berufsgenossen über sie zu Gericht sitzen und über ihre Angelegenheiten entscheiden sollten? Derartigen Begehren muss unbedingt entgegengetreten werden; der Staat hat bisher Beamte gehabt, die nach jeder Richtung hin befähigt waren, die ihnen zugeteilten Entscheidungen zu treffen, und er wird auch weiter über solche Beamte verfügen. — Ein anderer, mit dem besprochenen jedoch eng zusammenhängender Vorschlag geht dahin, bei den Entscheidungen gemäss § 71 sollten neben den 3 Mitgliedern der Aufsichtsbehörde nicht mindestens 2 Sachverständige mitwirken, sondern mehr, etwa 4, sodass jedenfalls letztere den ersteren gegenüber in der Majorität sind. Dieses Begehren erheben 3 grosse Versicherungsverbände[2]). Wir können demselben jedoch nicht beitreten. Die Aufsichtsbehörde darf nicht in einer Besetzung erkennen, bei welcher Assekuranzfachleute die Majorität haben,

[1]) Wallmanns Versicherungs-Zeitschrift Jahrg. 33 S. 572 (No. 37).

[2]) cfr. die Denkschrift des Verbandes Deutscher Privat-Feuerversicherungs-(Aktien-)Gesellschaften S. 31; Denkschrift des Verbandes Deutscher Feuerversicherungsgesellschaften auf Gegenseitigkeit S. 30; Erklärung des Verbandes deutscher Lebensversicherungsgesellschaften S. 7.

weil das, im Grunde genommen, auf dasselbe hinausführt, was wir vorstehend erörterten, dass nämlich Berufsgenossen über Berufsangelegenheiten die Entscheidung in der Hand hätten. Es wird bei dieser Gelegenheit häufig auf unsere Schöffen-, Schwur-, Handelsgerichte und auf die Verwaltungsgerichte in Preussen hingewiesen, wo ja allerdings die Laienmitglieder die Majorität im Richterkollegium bilden.[1]) Dieser Vergleich passt nach unserem Dafürhalten nicht. Einmal handelt es sich bei diesen Gerichten nicht um Urteile gegenüber Standesgenossen und gegenüber Standesinteressen. Der Schöffe, der Geschworene, der Handelsrichter, das Mitglied des Kreis- und Bezirksausschusses sitzt über Personen aller möglichen Stände zu Gericht und hat an den seiner Entscheidung unterworfenen Fragen gar kein persönliches Interesse, ja er darf ein solches gar nicht einmal haben. Ganz anders liegt die Sache, worauf wir gleich zurückkommen, bei den Sachverständigen des Versicherungswesens. Ausserdem ist zu erwägen, dass gegen alle Entscheidungen dieser »Laiengerichte«, von geringen Ausnahmen abgesehen, Rechtsmittel gegeben sind an Gerichte ohne jegliche Teilnahme von Laien (Landgericht, Oberlandesgericht, Reichsgericht, Oberverwaltungsgericht).

b) Den Vorschlägen, die Zahl der Sachverständigen bei den wichtigsten Entscheidungen zu vermehren, stehen solche gegenüber, deren Zahl zu vermindern oder ihnen wenigstens kein Stimmrecht zu geben, da sie Vertreter von Konkurrenzanstalten seien. »Wie hoch« — so schreibt die Handelskammer zu Hamburg[2]) — »auch immer das objektive Urteil der Leiter namentlich der bekannteren deutschen Versicherungsanstalten angeschlagen werden muss, diese selbst werden gewiss nicht in Abrede stellen wollen, dass es misslich ist, wenn Geschäftsleiter über die Verschärfung und Verminderung des ihnen selbst entgegentretenden Wettbewerbes zu entscheiden haben, und dass eine unbeabsichtigte, ja unwillkürliche Beeinflussung bei einer Entscheidung leicht den Ausschlag geben kann, sei es, dass die Überzeugung von der Notwendigkeit einer Einschränkung des Wettbewerbes sich geltend macht, sei es, dass die

[1]) cfr. Denkschrift der Privat-Feuerversicherungs-(Aktien-)Gesellschaften S. 31.

[2]) In ihrer Kritik zum Entwurf S. 11.

Furcht, parteiisch zu erscheinen, zu einer für die betreffende Anstalt zu günstigen Entscheidung führt.« »Ganz falsch ist es aber,« — so heisst es in der Allgemeinen Versicherungspresse[1]) — »in Dienst befindliche Versicherungsleute als Beiräte darüber abstimmen zu lassen, ob eine neue Konkurrenzgesellschaft konzessioniert werden soll.« Wir vermögen diese Ausführungen nicht zu billigen und sind der Meinung, man soll den Sachverständigen das Stimmrecht, wenigstens bei den wichtigsten Entscheidungen, nicht vorenthalten. Abgesehen davon, dass die Stellung der Sachverständigen innerhalb der Aufsichtsbehörde eine ganz andere und viel befestigtere ist, wenn sie als vollberechtigte Richter, wenigstens bei den Hauptentscheidungen, mitwirken, und abgesehen davon, dass ja nach dem Vorschlage des Entwurfes, dem wir völlig beitreten, die Mitglieder der Aufsichtsbehörde gegenüber den Sachverständigen in der Majorität sind, muss man berücksichtigen, dass jemand sich der Schwere seiner Verantwortlichkeit weit mehr bewusst ist, wenn er mitabzustimmen hat, als wenn er nur ein Gutachten abgiebt, dem dann der Richter beitreten oder das er verwerfen kann. »Das etwaige Bedenken, es möchte einmal ein Vertreter einer Versicherungsanstalt als Mitglied des Versicherungsamtes im gegebenen Falle zu Ungunsten einer Konkurrenzanstalt entscheiden, ist ganz hinfällig. Je verantwortlicher das Votum eines solchen Mannes im einzelnen Falle ist, um so vorsichtiger wird er sein und um so taktvoller in seinem Auftreten.«[2]) Mag er daher z. B. auch persönlich der Ansicht sein, es sollten keine neuen kleinen Anstalten gegründet werden, und die bestehenden kleineren Institute sollten in den grösseren aufgehen, diese Meinung wird für ihn unmassgeblich sein, wenn er darüber mitzuentscheiden hat, ob eine neu zu gründende Anstalt den Erfordernissen des Gesetzes entspricht und deshalb zum Geschäftsbetriebe zuzulassen ist.

c) Eine dritte Art von Vorschlägen geht dahin, es sollen auch Vertreter der Versicherten bei den Entscheidungen der Aufsichtsbehörde mitwirken. Nach Bödiker, der gleich uns als Aufsichtsbehörde das Reichsversicherungsamt wünscht, »hätten

---

[1]) 24. Jahrg. No. 2.

[2]) Bödiker l. c. S. 51.

als Vertreter der Versicherungsnehmer im Versicherungsamt dessen nichtständige, von den Berufsgenossenschaften gewählte Mitglieder zu gelten«[1]). Auch auf dem 27. deutschen Landwirtschaftsrat[2]) ist die Forderung erhoben worden, dass die Versicherten Vertretung im Beirat finden sollten, da sie an diesem doch mindestens das gleiche Interesse hätten, wie die Vertreter der Versicherungsgesellschaften. Das nämliche Verlangen hat auch der Deutsche Haftpflichtschutzverband in einer Eingabe an das Reichsamt des Innern erhoben[3]), desgleichen die Handelskammer zu Villingen. Die Erläuterungen zum Entwurf äussern sich darüber nicht, weshalb nicht auch Versicherungsnehmer zu der Thätigkeit der Aufsichtsbehörde herangezogen werden sollen, wie sie sich überhaupt mit keinem Worte darüber auslassen, weshalb die Aufsichtsbehörde in der erwähnten Zusammensetzung vorgeschlagen wird. Wir vermögen dem Begehren nicht beizupflichten, im Gesetze zu bestimmen, dass dem Versicherungsbeirat auch Vertreter der Versicherten angehören sollen. Wenn das Assekuranzwesen bezw. dessen wichtigste Zweige in so eingehender Weise, wie dies der Entwurf vorsieht und wie wir das billigen, beaufsichtigt wird, und wenn zu diesem Zwecke eine ganze Reihe von Beamten verwendet wird, so glauben wir, dass diese die Interessen der Versicherten in genügender Weise wahrnehmen werden. Wir denken uns überhaupt die im Entwurf vorgesehenen Sachverständigen keineswegs nur als Vertreter der Versicherungsunternehmer, denen dann etwa solche der Versicherten entgegenzustellen wären. Die Mitglieder des Versicherungsbeirats sollen, wenn sie natürlich auch vorwiegend Direktoren von Assekuranzinstituten sein werden, Sachverständige sein und mit ihrer Sachkunde die Aufsichtsbehörde unterstützen, sie sollen aber keineswegs ausschliesslich die Interessen der Assekuranzinstitute wahrnehmen. Der Bödiker'sche Vorschlag insbesondere erscheint uns recht unzweckmässig. Wir glauben, dass die von den Berufsgenossenschaften gewählten Mitglieder des Reichsversicherungsamtes, wenn sie bei der Aufsicht über Privat-

[1]) l. c. S. 50.

[2]) cfr. dessen Verhandlungen S. 423 und 429 No. 15.

[3]) So berichtet die Allgem. Vers.-Presse 24. Jahrg. No. 21 sub robro »Sonderbare Schwärmer«.

assekuranzanstalten mitwirken sollten, eine ziemlich traurige Rolle spielen würden. Das private Versicherungswesen hat ja mannigfache Berührungspunkte mit dem staatlichen, aber in der Technik bestehen doch zwischen beiden sehr wesentliche Unterschiede, und eine sachgemässe Beurteilung des privaten Versicherungswesens setzt doch sehr erhebliche assekuranztechnische Vorkenntnisse voraus. Woher sollen jene nichtständigen Mitglieder des Reichsversicherungsamtes diese Kenntnisse haben? Überhaupt muss nach unserem Dafürhalten der Vorschlag von der Heranziehung von Versicherten zum guten Teil an dem Mangel an geeigneten Personen scheitern, welche ausserhalb der Assekuranzinstitute stehen und doch die genügenden Kenntnisse haben. Man kann es weder den Mitgliedern der Aufsichtsbehörde zumnten, mit Personen zusammenzuwirken, welche vom Versicherungswesen nichts verstehen, noch den Assekuranz-Instituten, dass solche über sie zu Gericht sitzen. Übrigens steht auch nach der Fassung des § 70 des Entwurfes nichts dem entgegen, dass irgend ein Versicherungsnehmer, der sich für die Thätigkeit im Versicherungsbeirat besonders qualifiziert, vom Kaiser ernannt wird; aber die Mitglieder des Versicherungsbeirats in solche teilen zu wollen, welche aus dem Kreise der Versicherungsunternehmer, und solche, welche dem Kreise der Versicherten entnommen werden müssen, erachten wir für verfehlt.

d) Weiterhin ist in Bezug auf die Organisation der Aufsichtsbehörde noch vorgeschlagen worden, es »müssten die aus Kreisen der Praktiker beizuziehenden Mitglieder des Versicherungsamts, die ihre Aufgabe ehrenamtlich erfüllen, nicht durch eine Reichsbehörde, sondern durch Wahl der der Aufsicht unterstellten Versicherungsanstalten zu ihren Ämtern berufen werden« [1]), und es dürften nur Sachverständige aus dem Kreise der dem Gesetz unterworfenen Unternchmungen dem Beirate angehören [2]). Auch diese Vorschläge sind nach unserem Dafürhalten von der Hand zu weisen. Von einer Wahl der

[1]) Einhauser, l. c. S. 304, ähnlich Denkschrift der Feuerversicherungsgesellschaften auf Gegenseitigkeit S. 30 und Österr. Vers.-Ztg. 26. Jahrg. Nr. 22.

[2]) Ritter, auf dem 25. Deutschen Handelstage (S. 10 der Verhandlungen) Denkschrift der Feuerversicherungsgesellschaften auf Gegenseitigkeit S. 29. Denkschrift der Feuerversicherungsaktiengesellschaften S. 31.

Mitglieder des Versicherungsbeirates durch die Assekuranzinstitute kann doch überhaupt keine Rede sein, es könnte höchstens eine etwaige Präsentation in Frage kommen. Aber dies könnte auch nur der Fall sein, wenn die Versicherungsgesellschaften in Verbände vereinigt wären, für welche, wenn auch in bescheidenem Umfange, doch eine gewisse staatliche Organisation und Überwachung bestände, nicht aber, wenn, wie dies jetzt ist, die Assekuranzinstitute bezw. ein Teil derselben privatim unter sich einen Verband bilden. Hierzu kommt, dass bei den Gegensätzen zwischen Aktien- und Gegenseitigkeits-Gesellschaften ein allgemein befriedigendes Präsentationsverfahren kaum gefunden werden dürfte. Auch das Begehren, die Sachverständigen sollen nur aus dem Kreise der dem Gesetz unterworfenen Versicherungsanstalten entnommen werden, ist unberechtigt. Warum sollte sich hierzu nicht beispielsweise jemand eignen, der sich in der Versicherungspresse als ein besonders tüchtiger und sachverständiger Schriftsteller hervorgethan hat, warum nicht — was wir schon andeuteten — eine dem Kreise der Versicherten angehörige geeignete Persönlichkeit? Man muss dem Bundesrate freie Hand lassen, wen er dem Kaiser zur Berufung in den Beirat vorschlagen will. Wie es im Reiche ein unantastbares Recht des Kaisers ist und bleiben muss, auf Vorschlag des Bundesrates die Männer zu bestimmen, welche an unserem höchsten Gerichtshofe, dem Reichsgericht, Recht sprechen sollen [1]), so muss es auch der Spitze des Reiches anheim gegeben sein, diejenigen auszuwählen, welche in der Reichsbehörde für das Assekuranzwesen wirken und hier im Namen des Reiches über dieses zu Gericht sitzen sollen.

Nur ein Verlangen erscheint uns gerechtfertigt, ein Verlangen, welches einmütig von den Versicherungsverbänden und von der gesamten Versicherungspresse erhoben wird, dass nämlich derzeitige und ehemalige Leiter oder Beamte von öffentlichen Assekuranzanstalten nicht zu Mitgliedern des Versicherungsamtes oder Beirates ernannt werden dürfen. Allerdings ist bei den Verhandlungen des Deutschen Landwirtschaftsrates gerade die entgegengesetzte Forderung aufgestellt worden, dass »als Mitglieder des Sachverständigenbei-

[1]) Vgl. § 127 des Gerichtsverfassungsgesetzes.

rats auch Vertreter der öffentlichen oder staatlichen Versicherungsanstalten hinzuzuziehen seien«[1]), »weil diese ja das Versicherungsgebiet am objektivsten und sachverständigsten zu beurteilen im stande sind, während die Vertreter von Versicherungsgesellschaften nur mehr oder minder persönlich ein besonderes Interesse für ihre Gesellschaften haben, also durchaus nicht als völlig unparteiisch anzusehen sind«[2]). Wir wollen den Vertretern der öffentlichen Versicherungsanstalten keineswegs die Befähigung absprechen, recht tüchtig und sachverständig in der Aufsichtsbehörde wirken zu können. Aber das genügt nicht. Wie wir schon vorher auseinandersetzten, bedarf eine Behörde des Vertrauens derer, die mit ihr in Berührung kommen, und, was von einer Behörde gilt, steht nicht anders bei den Mitgliedern derselben. Bei dem gespannten, fast feindlichen Verhältnis, das nun einmal zwischen den Sozietäten und den privaten Assekuranzinstituten besteht[3]), würden die letzteren unbedingt kein Vertrauen zu den Vertretern der ersteren haben. Da aber nicht jemand als Richter fungieren kann, dem dauernd und wenigstens nicht ganz unberechtigt das Vertrauen der Rechtsuchenden fehlt, so müssen u. E. auch im vorliegendem Falle die Vertreter der öffentlichen Versicherungsanstalten von vorn herein von der Teilnahme an der Aufsichtsbehörde ausgeschlossen werden, zumal sonst zu riskieren wäre, dass die privaten Assekuranzinstitute jene wegen Befangenheit ablehnen würden, sobald dieselben über sie Entscheidungen fällen sollen. Dieser Ausschluss lässt sich übrigens auch damit rechtfertigen, dass nach dem Entwurf die öffentlichen Anstalten ausdrücklich nicht der Reichsgesetzgebung unterworfen sein, sondern auch weiterhin der Landesgesetzgebung unterstellt bleiben sollen. Dafür aber, die Vertreter der Societäten zwar sonst vom Gesetz auszunehmen und sie nur in die Aufsichtsbehörde zu berufen, welche ihre Konkurrenten und Widersacher überwachen soll, liegt keine Veranlassung vor.

e) Endlich wollen wir noch auf folgenden Einwand allgemeiner Natur gegen die vorgeschlagene Organisation der

---

[1]) Verhandlungen der 27. Plenarversammlung des Deutschen Landwirtschaftsrates S. 429.

[2]) Wie Anmerk. 1 S. 437.

[3]) Vgl. oben S. 4 Anmerk. 2.

Aufsichtsbehörde eingehen: Einhauser schreibt:[1]) »Man wird vergeblich nach dem Grunde fragen, warum den Gutachten derjenigen, die in den wichtigsten Angelegenheiten Sitz und Stimme in der Aufsichtsbehörde haben, in minder wichtigen Fällen nur eine beratende Bedeutung beigelegt werden soll, warum überhaupt der Aufsichtsapparat in zwei verschiedenartige Teile von ungleichen Befugnissen und ungleichem Charakter (Behörde und Beirat) zerlegt werden soll«. Wir können auch diesen Einwurf nicht billigen. Wir denken uns den Beirat derartig, dass alle oder einzelne Mitglieder desselben zeitweise nach Berlin berufen werden, um dort gemäss § 71 des Entwurfes mitzuentscheiden oder die Aufsichtsbehörde in gewissen Fällen »gutachtlich zu beraten«. Wollte man die Sachverständigen bei allen Angelegenheiten mitwirken lassen, so würden entweder diese dauernd oder den grössten Teil des Jahres in Berlin leben müssen und damit aufhören, Männer aus der Praxis zu sein, oder es müssten die Versicherungsinstitute selbst bei den minder wichtigen Dingen, bei denen aber das Gesetz eine Mitwirkung der Aufsichtsbehörde vorschreibt, oft monatelang auf einen Bescheid warten. Beides ist unerwünscht. Andererseits erscheint es auch unzweckmässig, die Thätigkeit des Beirates auf die Fälle des § 71 des Entwurfes zu beschränken. Es wird der Aufsichtsbehörde von Wert sein und auch im Interesse einer sachgemässen Entscheidung liegen, wenn in gewissen Fällen sie erst Männer aus der Praxis hören kann, während in anderen Fällen das nicht erforderlich sein wird und die Behörde alsbald einen Bescheid ergehen lassen kann. Übrigens entspricht auch der in Vorschlag gebrachte Charakter des Aufsichtsapparates im grossen und ganzen der Organisation der Behörden, in denen bisher neben Berufsbeamten Leute aus dem praktischen Leben mitwirken. Auch unsere modernen Gerichte, in denen Laienrichter mit thätig sind, sind »in zwei verschiedenartige Teile von ungleichen Befugnissen zerlegt«, da die Laienrichter ja nur bei der eigentlichen Urteilsfällung oder höchstens bei den Entscheidungen in der Hauptverhandlung mitzuwirken

---

[1]) In Schäffles Zeitschrift für die gesamte Staatswissenschaft 52. Jahrg. 2. Heft S. 303.

haben, während bei allen übrigen Entscheidungen nur Berufsrichter erkennen [1]). Man kann vielleicht darüber streiten, ob die Mitwirkung des Beirates noch in anderen, als in den im § 71 des Entwurfes vorgesehenen Fällen obligatorisch zu machen sei; den Beirat in allen Angelegenheiten thätig sein zu lassen, erscheint uns aber weder erforderlich noch zweckmässig.

Wir halten somit alle Einwendungen, welche gegen die in Aussicht genommene Zusammensetzung der Aufsichtsbehörde erhoben werden, von den wenigen erwähnten Geringfügigkeiten abgesehen, für unbegründet. Nur in einem Punkte möchten wir noch eine Abänderung vorschlagen. Der § 66 des Entwurfs bestimmt, wie wir bereits andeuteten (cfr. oben S. 101): »Zu dem Antrage auf Eröffnung des Konkurses über das Vermögen einer Versicherungsanstalt ist auch die Aufsichtsbehörde berechtigt; von ihr ausschliesslich darf dieser Antrag wegen Überschuldung gestellt werden. Überschuldung ist als vorhanden anzunehmen, wenn die Aufsichtsbehörde eine hierauf gerichtete Erklärung dem Konkursgerichte gegenüber abgegeben hat.« Hierin liegen zwei juristische nova: einmal kann eine Versicherungsanstalt ihren eigenen Konkurs wegen Überschuldung nicht mehr beantragen, und dann muss der Konkursrichter Überschuldung annehmen, wenn die Aufsichtsbehörde das Vorhandensein einer solchen ausspricht. Diesen Bestimmungen liegt insofern eine richtige Idee zu Grunde, als es ausserordentlich schwierig ist, die Überschuldung eines Assekuranzinstitutes festzustellen (cfr. oben S. 75). Der Richter wird daher aus eigener Anschauung eine Überschuldung kaum je annehmen können, sondern er wird sich stets auf das Gutachten von Sachverständigen verlassen müssen, und hierbei ist doch wohl die Aufsichtsbehörde der zuverlässigste Sachverständige. Bindet man aber den Richter direkt an die Entscheidung einer anderen Behörde und greift so in seine Sphäre ein, so sollte man dann, wenn die Aufsichtsbehörde über die Stellung des Antrages auf Eröffnung des Konkurses entscheidet (§ 71 No. 5), zwei

---

[1]) So heisst es im § 82 der Strafprozessordnung bei den Schwurgerichten: »Werden Entscheidungen ausserhalb der Dauer der Sitzungsperiode erforderlich, so erfolgen sie durch die Strafkammer der Landgerichte«.

richterliche Beamte mitwirken lassen, wie dies der Entwurf bereits für den Fall vorsieht, wenn es sich um die Untersagung des Geschäftsbetriebes handelt (§ 71 No. 4).

Fassen wir schliesslich wieder die Abänderungen zusammen, welche uns in Bezug auf die Organisation der Aufsichtsbehörde erwünscht erscheinen, so sind es folgende:

1. Zur Beaufsichtigung für das Versicherungswesen ist keine neue Reichsbehörde zu schaffen, diese ist vielmehr dem Reichsversicherungsamt zu übertragen.

2. Es ist im Gesetz auszusprechen, dass die Aufsichtsbehörde auf dem Kollegialsystem aufgebaut wird.

3. An den Entscheidungen gemäss § 71 haben zwei Mitglieder des Versicherungsbeirates teilzunehmen, nicht »mindestens« zwei.

4. Im Falle des § 71 No. 5, wo es sich um Stellung des Antrages auf Konkurseröffnung handelt, haben zwei richterliche Beamte mitzuwirken.

5. Derzeitige und ehemalige Leiter oder Beamte von öffentlichen Assekuranzanstalten dürfen nicht zu Mitgliedern des Versicherungsamtes oder Beirates ernannt werden.

VII. Gehen wir nunmehr zu der Frage eines **Rechtsmittels** gegen die Entscheidungen der Aufsichtsbehörde über. Der Entwurf sieht ein solches, und zwar im § 78, nur in einem Falle vor, nämlich wenn die aufsichtführende Landesbehörde einer Anstalt den Geschäftsbetrieb untersagt hat. Hierüber haben wir uns bereits ausgelassen (cfr. oben S. 109). Gegen eine Entscheidung der Reichsaufsichtsbehörde soll es nach dem Entwurf nie ein Rechtsmittel geben, höchstens könnte man einen Ansatz zu einem solchen im letzten Absatz des § 71 erblicken. Dort heisst es, dass in drei näher bezeichneten Fällen der Vorsitzende der Aufsichtsbehörde einen ablehnenden Vorbescheid ergehen lassen kann, gegen den dann der Antrag auf eine Beschlussfassung der ordnungsmässig zusammengesetzten Aufsichtsbehörde statthaft ist. Bleiben wir zunächst bei diesem Vorbescheid stehen. Derselbe erscheint uns unnütz. Anderweitig finden wir diese Einrichtung beispielsweise beim Patentamt und in Preussen im Verwaltungsstreitverfahren. Ein Vorbescheid rechtfertigt sich dann, wenn sehr eilige Sachen zur Entscheidung stehen, und dann, wenn eine Behörde erfahrungsgemäss viel mit einem Publikum zu thun hat, das völlig aussichtslose oder recht mangelhafte Anträge stellt. In der letzterwähnten Hinsicht bewährt sich der Vorbescheid in Patentsachen vorzüglich und trägt wesentlich zur Entlastung der Anmeldeabteilung des Patentamtes bei. Bei dem Versicherungswesen sind jedoch nach unserem Dafürhalten die Voraussetzungen für einen Vorbescheid nicht gegeben. Besonderer Beschleunigung bedürftige Entscheidungen kommen hier verhältnismässig selten vor, und diejenigen, welche mit der Aufsichtsbehörde zu thun haben, sind fast immer sachverständige und geschäftsgewandte Leute. Da die kleinen Anstalten beinahe durchweg der Landesaufsicht unterstehen werden, wird es die Reichsbehörde ganz überwiegend mit grösseren Anstalten zu thun haben. Diese werden aber ihre wohlerwogenen Anträge nicht durch einen Vorbescheid endgiltig abweisen lassen. Ein solcher Vorbescheid ist daher nur geeignet, die Entscheidung der Aufsichtsbehörde hinauszuziehen, und fällt deshalb besser fort.

Fällt mit dem Vorbescheide auch noch dieser etwaige Ansatz zu einem Rechtsmittel, so bleiben nur noch Entscheidungen der Aufsichtsbehörde übrig, die dann auch gleich endgiltige wären. Hierin erblicken wir den empfindlichsten Mangel des Entwurfs, dem entschieden abgeholfen werden muss. Eine Behörde, wie die in Aussicht genommene, welche mit so ungewöhnlichen Machtvollkommenheiten ausgestattet ist, deren diskretionärem Ermessen ein so weiter Spielraum gelassen ist, kann unmöglich ohne jede Rechtsmittelinstanz geschaffen werden. Man kann darüber streiten, ob gegen alle, oder ob nur gegen einzelne Entscheidungen der Aufsichtsbehörde Rekurs zu gewähren sei, jedenfalls aber widerspricht es direkt dem Geiste unserer gesamten neueren Gesetzgebung, einer Behörde eine Fülle von Befugnissen einzuräumen, ohne auch nur gegen einzelne Entscheidungen derselben die Möglichkeit der Remedur zu gewähren. Wir halten es daher für überflüssig, über die Notwendigkeit einer Berufungsinstanz viele Worte zu verlieren. Sieht ja sogar unsere neue Militärstrafprozessordnung ein geordnetes Rechtsmittelverfahren vor, und, dass der jetzige Zustand, gegen die landgerichtlichen Strafurteile nur Revision zuzulassen, unhaltbar ist, darüber ist man einig, und man streitet nur, wie und wo diese Berufungsinstanz gebildet werden soll. Betrachten wir einmal die Gründe, welche die Erläuterungen für das Fehlen einer zweiten Instanz ins Treffen führen. »Bei der Eigenart der hier zur Entscheidung kommenden Angelegenheiten,« — so heisst es hier[1]) — »bei denen regelmässig neben Rechtsfragen in ganz hervorragendem Masse Zweckmässigkeits- und Ermessensfragen eine Rolle spielen, empfiehlt es sich mehr, die erforderlichen Garantien für eine sachgemässe Entscheidung in der sachkundigen und vertrauenswürdigen Zusammensetzung einer Instanz, als in der Bildung mehrerer Instanzen zu suchen«. Diese Begründung erscheint uns schwach. Wenn in einem Zivilprozess der Beklagte zwar seine Schadensersatzpflicht anerkennt und sich nur durch die vom Richter erster Instanz bemessene Höhe des Schadens beschwert fühlt, wenn gegen ein schöffengerichtliches Urteil wegen einer angeblich zu hoch bemessenen Strafe, wenn gegen die Entscheidung des Kreisausschusses auf Versagung der Erlaubnis zum Betriebe der Gast- und Schankwirtschaft wegen Nichtvorhandenseins eines Bedürfnisses Rekurs eingelegt wird, spielen da für die zweite Instanz nicht auch fast ausschliesslich »Zweckmässigkeits- und Ermessensfragen« eine Rolle? Es muss eben auch für eine »sachkundige und vertrauenswürdige« Zusammensetzung des Berufungsgerichts Sorge getragen werden. »Dazu kommt,« — so fahren die Erläuterungen zum Entwurf fort — »dass den Versicherungsunternehmungen selbst mit der Einrichtung mehrerer Instanzen wenig gedient sein würde. Denn würde in den hier in Rede stehenden Fällen einer grösseren Anstalt gegenüber eine ihr ungünstige Entscheidung auch nur in der unteren Instanz gefällt, so würde damit offenbar eine solche Beeinträchtigung des für den Geschäftsbetrieb unentbehrlichen Vertrauens des Publikums verbunden sein, dass auch eine abändernde Entscheidung einer höheren Instanz den Schaden nicht voll würde beseitigen können.« Auch dieser Begründung können wir nicht beitreten. Richtig ist, dass, wenn beispielsweise die Aufsichtsbehörde erster Instanz einer Anstalt den weiteren Geschäftsbetrieb untersagt, auch eine abändernde Entscheidung zweiter Instanz den jenem Institut erwachsenen

---

[1]) S. 89.

Schaden kaum wird voll beseitigen können. Wie an einem Angeklagten, der vom Unterrichter verurteilt und dann vom Oberrichter freigesprochen worden ist, immer »etwas hängen bleibt«, so wird es auch hier sein. Aber möglich ist es doch jedenfalls, dass eine Anstalt den ihr aus der erstinstanzlichen Entscheidung erwachsenen Nachteil überwinden und weiter gedeihen kann, wenn die abändernde Entscheidung den Schaden auch vielleicht nicht »voll« wird beseitigen können. Es wird eben in solchen Fällen Pflicht der zweiten Instanz sein, in den Gründen ganz besonders scharf und eingehend auseinanderzusetzen, dass die frühere Entscheidung, die möglicherweise von der Konkurrenz der von ihr betroffenen Anstalt vielfach verbreitet worden ist, eine falsche war. Ist einer Anstalt schon dadurch Unrecht zugefügt worden, dass ihr gegenüber unbegründeterweise eine nachteilige Entscheidung ergangen ist, so hiesse es diesem Unrecht noch ein neues hinzufügen, wenn man ihr die Möglichkeit versagen würde, vor einer anderen Instanz sich zu rehabilitieren.

Wir halten daher trotz der Ausführungen der Erläuterungen daran fest, dass gegen die erstinstanzlichen Entscheidungen der Aufsichtsbehörde bezw. gegen die wichtigsten derselben das Rechtsmittel der Berufung gegeben werden muss. Freilich ist die Schaffung einer Berufungsinstanz nicht leicht. Es sind die verschiedenartigsten Vorschläge gemacht worden, um eine zweite Instanz zu gewinnen.

a) Zunächst ist vielfach das Reichsgericht genannt worden. Dieses muss u. E. von vorn herein ausscheiden. Einmal ist das Reichsgericht bereits derartig überlastet[1]), dass Reichsregierung und Reichstag schon längst eine Entlastung desselben wünschen: sie können sich nur über die Art derselben nicht einigen. Zweitens eignet sich auch das Reichsgericht nicht als Berufungsinstanz. Bei der grössten Hochachtung vor unserem höchsten Gerichtshofe wird man doch bezweifeln müssen, ob seine Mit-

[1]) So äusserte sich am 1. Oktober 1899 gelegentlich der an diesem Tage üblichen Jahresversammlung der Mitglieder des Reichsgerichts dessen Präsident Dr. v. Öhlschläger: »Im Interesse des Reichsgerichts müssen wir wünschen, dass der Bestand der Mitglieder nicht wächst, und dass eventuell andere Wege von der Gesetzgebung gefunden werden, um für uns eine Arbeitsentlastung zu schaffen«.

glieder die zur Beurteilung des Versicherungswesens nötigen technischen Kenntnisse besitzen. Es würde daher Sachverständige vernehmen müssen. Hierfür können wir uns aber nicht erwärmen. Bei den wichtigsten Entscheidungen über das Assekuranzwesen, bei denen doch technische Fragen in dem Vordergrunde stehen, soll man Sachverständige nicht nur hören, sondern es sollen nach unserm Dafürhalten Sachverständige mit vollgiltiger Stimme im Richterkollegium sitzen. Drittens spricht noch gegen das Reichsgericht, dass dasselbe doch, von verschwindenden Ausnahmen abgesehen, stets Revisionsgericht ist, also sich nicht mit der Feststellung und Würdigung von Thatfragen zu beschäftigen hat, sondern damit, ob das Gesetz dadurch verletzt ist, dass eine Rechtsnorm nicht oder nicht richtig angewendet worden ist[1]). Dieser Charakter unseres obersten Gerichtshofes, sich nur mit Rechtsfragen zu befassen, muss ihm aber auch erhalten bleiben und kann nicht im Interesse des Assekuranzwesens, für dessen Beurteilung vorwiegend »Zweckmässigkeits- und Ermessensfragen« in Betracht kommen, verwischt werden.

b) Es ist dann des Oberverwaltungsgerichts gedacht worden. Abgesehen davon, dass gegen dasselbe die nämlichen Gründe sprechen, welche vorstehend in zweiter und dritter Hinsicht gegen das Reichsgericht vorgebracht wurden, kann von demselben schon deshalb keine Rede sein, weil es ein oberstes Gericht Preussens, nicht des Reichs ist, und sein Ausbau zu einer Reichsbehörde würde trotz der Zweifel der Assekuranzpresse[2]) wenigstens zur Zeit wohl auf unüberwindliche Schwierigkeiten stossen und die Verabschiedung eines Versicherungsgesetzes auf viele Jahre verschleppen.

c) Weiterhin ist auch der Bundesrat in Vorschlag gebracht worden. Auch er erscheint uns ungeeignet. Zunächst gehen ihm wohl ebenso wie den zwei vorher besprochenen Behörden die erforderlichen versicherungstechnischen Kenntnisse ab, und dann möchten wir einer so eminent politischen Behörde, wie dem Bundesrate, richterliche Funktionen überhaupt nicht übertragen sehen. Wir möchten vielmehr das Assekuranzwesen,

---

[1]) § 512 der alten bezw. § 550 der neuen Zivilprozessordnung.

[2]) cfr. z. B. Wallmanns Versicherungs-Zeitschrift Jahrg. 33 (No. 40) S. 620.

das so hohe wirtschaftliche Aufgaben hat, fern von dem Getriebe der Potitik wissen.

d) Einen ferneren Vorschlag macht Ehrenberg[1]). Er will gleich uns eine obligatorische Einteilung des Reichs in Kommissariate und meint dann, »man würde damit zugleich die Möglichkeit eines Instanzenzuges in zweckmässigster Weise geschaffen haben, indem gegen Entscheidungen der Kommissare bei dem Versicherungsamt Beschwerde eingelegt werden könnte«[2]). Baumgartner[3]) tritt diesem Vorschlage mit der Massgabe bei, dass er dem Kommissar die wichtigsten Entscheidungen vorenthalten will; nach ihm »würde sich die Organisation dann so gestalten, dass in allen Fragen, mit Ausschluss der dem Versicherungsamt zu reservierenden wichtigsten, in erster Instanz eine lokale Aufsichtsbehörde entscheidet . . . . . Dann fehlt allerdings auch etwas sehr Wichtiges: eine zweite Instanz für diejenigen Entscheidungen, die unmittelbar von dem Versicherungsamt in den diesem vorbehaltenen Fragen gefällt werden«. Wir können weder Ehrenberg noch Baumgartner beitreten und möchten die Kommissare nur als Delegierte des Versicherungsamts fungieren lassen, die an die Weisungen der Aufsichtsbehörde gebunden sind und nicht aus eigener Machtvollkommenheit zu entscheiden haben. Das Versicherungsamt

[1]) In der »Deutschen Juristenzeitung« Jahrg. 4 No. 6.

[2]) Ehrenberg will dann auch die Kommissariate »zu Schutzämtern für das Publikum und zu Vermittlungsämtern bei Streitigkeiten zwischen den Versicherten und den Gesellschaften ausgestalten. . . . . Der sowohl juristisch wie technisch im Versicherungswesen bewanderte Kommissar könnte das Publikum in allen Versicherungsangelegenheiten beraten und zugleich bei Streitigkeiten auf Anrufung einer Partei als unparteiischer und an der Prozessführung nicht interessierter Sachverständiger vermittelnd eingreifen«. Dieser Vorschlag hat viel für sich, aber es spricht auch manches gegen ihn. Entscheidet der Kommissar als Schiedsmann häufig zu Ungunsten der Versicherungsgesellschaft, so wird das Verhältnis zwischen ihm und jener Anstalt leicht ein recht gespanntes werden. Wir wollen jedoch auf diese Frage hier nicht näher eingehen. Jedenfalls wird es sich empfehlen, erst die Entwicklung abzuwarten, welche diese Kommissariate nehmen werden, ehe man ihnen so weitgehende Befugnisse einräumt. Das lässt sich auch um so leichter ermöglichen, als die Übertragung von Schiedsmannsfunktionen an die Kommissare zweckmässiger in dem zu erwartenden Reichsgesetz, betreffend die Regelung der privatrechtlichen Seite des Assekuranzwesens, seinen Platz findet.

[3]) Zeitschrift für Versicherungsrecht und -Wissenschaft Bd. 5 S. 367.

wird ganz überwiegend mit grossen Assekuranzinstituten zu thun haben; denn nach den unzweideutigen Erklärungen der Reichsregierung muss man es für ausgeschlossen erachten, dass die öffentlichen Versicherungsanstalten oder diejenigen, deren Geschäftsbetrieb auf einen Bundesstaat beschränkt ist, der Reichsaufsicht unterstellt werden. Infolgedessen werden nur die grossen privaten Versicherungsanstalten übrig bleiben; deren Zahl aber wird vor allem, wenn unserem Vorschlage entsprechend die Beaufsichtigung auf die Lebens-, Feuer-, Unfall-, Hagel- und Viehversicherung beschränkt wird, noch nicht 200 betragen [1]). An der Spitze der grossen privaten Assekuranzinstitute stehen aber fast immer hervorragende Männer, die langjährige Erfahrungen auf dem Gebiete des Versicherungswesens hinter sich haben. Nach unserem Dafürhalten kann man es diesen Direktoren unserer grossen, führenden Anstalten nicht zumuten, dass sie sich, wenn auch nur in erster Instanz, den Entscheidungen eines Einzelkommissars unterwerfen sollen, der der Regel nach an Alter, an Kenntnissen und an Erfahrungen hinter ihnen zurückstehen wird.

Wenn aber Ehrenberg schreibt: »Solche Versicherungs-Kommissariate müssten nach Titel, Rang und Besoldung so ausgestattet werden, dass die Versicherungsanstalten nicht leicht in die Lage geraten können, die besten Kräfte dem Staatsdienst wieder abspenstig zu machen und für ihre Direktorstellen zu gewinnen«, so ist das unseres Erachtens praktisch nicht durchführbar. Die Rang- und Titelfrage wollen wir auf sich beruhen lassen. Mag der Staat aber auch diesen Kommissaren einen hohen Rang und einen recht schönen Titel verleihen, hinsichtlich der Besoldung wird er sie nie auch nur annähernd den Direktoren unserer grössten Assekuranzinstitute gleichstellen können, da doch die Gehälter der Kommissare in einem gewissen Einklang bleiben müssen mit denjenigen aller übrigen Staatsbeamten. Die Versicherungsanstalten werden daher zum guten Teile die besten Kräfte für ihre Direktorenstellen gewinnen, und die Kommissare werden jedenfalls die Leiter der grossen Institute an Sachkenntnissen nur selten überragen. Wir halten

---

[1]) Siehe oben S. 17 u. 18. Es kommen die unter 2c, 4, 6, 7, 8 und 10 aufgeführten Anstalten in Abzug, so dass im ganzen 174 verbleiben.

es mithin für unerwünscht, die Kommissariate zu selbständigen Ämtern auszugestalten und ihnen alle oder gewisse Entscheidungen erster Instanz anzuvertrauen. Zudem wird die Position der Kommissare eine viel befestigtere sein, wenn sie Delegierte der Aufsichtsbehörde und hinsichtlich ihrer Massnahmen durch die Autorität derselben gedeckt sind. Um übrigens die Stellung der Kommissare nach keiner Richtung zu schwächen, liesse sich die Einrichtung treffen, dass die Versicherungsinstitute verpflichtet wären, alle Anträge u. s. w. an die Aufsichtsbehörde dem Kommissar einzureichen, welcher sie dann seinerseits mit einem Bericht zu versehen hätte. Letzterer würde dann um so wertvoller sein, als er ja auf einer persönlichen Kenntnis der Verhältnisse beruhen würde.

Wir sind daher der Meinung, die wir bereits oben andeuteten: überweise man die Aufsicht über das Versicherungswesen dem Reichsversicherungsamt und bilde man bei diesem auch eine zweite Instanz. Die letztere wäre dann in ähnlicher Weise zu besetzen wie die erste Instanz, sodass also namentlich wieder neben Mitgliedern der Aufsichtsbehörde und neben richterlichen Beamten Sachverständige bei ihr mitzuwirken hätten, und zwar mit vollem Stimmrecht. Eine Rechtsmittelinstanz bei derselben Behörde zu schaffen, wäre auch gar nichts neues; vielmehr finden wir derartiges schon anderweitig. So giebt es z. B. innerhalb des Patentamtes gegen die Beschlüsse der Anmelde- und der Nichtigkeitsabteilung Beschwerde an die Beschwerdeabteilung [1]), unabhängig davon, dass gegen gewisse Entscheidungen des Patentamts Berufung an das Reichsgericht zulässig ist. Auch ist, um ein weiteres Beispiel anzuführen, für Dienstvergehen von Richtern des Kammergerichtsbezirks das Kammergericht in Besetzung von 7 Mitgliedern Disziplinarbehörde erster Instanz, während es als grosser Disziplinarsenat in der Besetzung von 15 anderen Mitgliedern auch Disziplinarbehörde zweiter Instanz ist [2]). Das Reichsversicherungsamt ist schon jetzt eine starke Behörde; wird ihr auch noch die Beaufsichtigung des Privatversicherungswesens übertragen, wird sie noch vergrössert werden, sodass sich bei ihr ganz gut zwei besondere Instanzen schaffen liessen.

---

1) cf. § 14 und § 16 des Patentgesetzes vom 7. April 1891.

2) cf. Gesetz vom 9. April 1879. § 5 ff.

Freilich ist es nach unserem Dafürhalten nicht erforderlich, gegen sämtliche Entscheidungen der Aufsichtsbehörde ein Rechtsmittel zu gewähren. In allen jenen Fällen, in denen der Beurteilung der Aufsichtsbehörde minder wichtige Dinge unterliegen — und deren sieht ja der Entwurf eine ganze Anzahl vor —, wäre eine weitere Instanz nicht nötig, zumal sonst auch der Schwerpunkt der Überwachung der Versicherungsanstalten von der im Entwurf vorgesehenen Aufsichtsbehörde auf die in Vorschlag gebrachte zweite Instanz übergehen würde. Das wäre unerwünscht. Die zweite Instanz soll sich nur mit den wichtigsten und in das Assekuranzwesen am meisten einschneidenden Dingen beschäftigen. Es soll den Versicherungsanstalten ein Weg offen bleiben, Entscheidungen anzufechten, welche sie überhaupt nicht entstehen lassen wollen, oder welche ihren natürlichen Entwickelungsgang in ihren Fundamenten zu verhindern scheinen, oder welche ihnen ein Ende bereiten wollen. Daneben müsste diese zweite Instanz, soweit dies im Assekuranzwesen möglich ist, gleich einem obersten Gerichtshofe zu den Grundfragen des Versicherungswesens Stellung nehmen und für dieses einheitliche Grundsätze schaffen, weshalb es auch angebracht ist, wie wir bereits vorschlugen (cf. oben S. 109), gegen die hauptsächlichsten Entscheidungen der Landesbehörden Rekurs an die Berufungsinstanz der Reichsbehörde zu gewähren. Es würde unseres Erachtens genügen, wenn gegen diejenigen wichtigen Entscheidungen, in welchen der Entwurf im § 71 die Aufsichtsbehörde nicht allein, sondern in der ausführlich besprochenen Verbindung mit Sachverständigen erkennen lässt, Berufung zugelassen würde. Hierbei kann es dahingestellt bleiben, ob der Kreis dieser wichtigen Entscheidungen noch etwas zu erweitern ist[1]).

Endlich müssen wir noch auf Folgendes eingehen: Sollte entgegen unserem Vorschlage die Aufsicht über das Privatversicherungswesen nicht dem Reichsversicherungsamt übertragen werden, sondern hierzu in Gemässheit des Entwurfs eine besondere Behörde, ein »Kaiserliches Privatversicherungs-

[1]) So würde es sich vielleicht empfehlen, auch bei Verhängung von Geldstrafen gemäss § 62 Abs. 2 und § 92 Abs. 3 des Entwurfs Berufung zu gestatten.

amt« errichtet werden, so würde es sich fragen, woher dann die nach unserem Dafürhalten unbedingt erforderliche zweite Instanz genommen werden soll. Es bleiben wohl nur zwei Wege übrig: entweder wäre bei dem Kaiserlichen Privatversicherungsamt eine Rechtsmittelinstanz einzurichten, oder aber es wären dem Reichsversicherungsamt wenigstens die Rekursentscheidungen zu überweisen. Uns würde das letztere mehr zusagen. Wie wir bereits oben (s. S. 130) sahen, wird das Versicherungsamt keine starke Behörde werden, und es wird dies noch weniger der Fall sein, wenn das Reich auch noch obligatorisch in Kommissariate eingeteilt und so die Aufsichtsbehörde erheblich entlastet wird. Würde es so schon gewisse Schwierigkeiten bereiten, bei einer nicht grossen Behörde eine Rechtsmittelinstanz zu schaffen, so wäre weiterhin auch zu wünschen, dass das Vertrauen, das nun einmal das Reichsversicherungsamt in den weitesten Kreisen geniesst, dem Privatversicherungswesen wenigstens insofern zu gute käme, als es in den wichtigsten Fragen als Berufungsinstanz Entscheidungen zu fällen hätte.

Wir kommen mithin hinsichtlich eines Rechtsmittels zu folgendem Ergebnis:

1. Der Vorbescheid, wie ihn der letzte Absatz des § 71 des Entwurfs vorsieht, ist zu beseitigen.

2. Gegen die wichtigsten Entscheidungen der Aufsichtsbehörde kann Berufung eingelegt werden. Zu diesem Zwecke ist bei dem Reichsversicherungsamt auch eine zweite Instanz zu bilden, die mit Mitgliedern der Aufsichtsbehörde, richterlichen Beamten und Sachverständigen des Versicherungswesens zu besetzen ist. Dieser zweiten Instanz ist auch die Berufung gegen die wichtigsten Entscheidungen der Landesaufsichtsbehörde zu übertragen.

3. Wird als Aufsichtsbehörde nicht das Reichsversicherungsamt bestellt, so ist bei diesem wenigstens die zweite Instanz einzurichten.

VIII. Fassen wir schliesslich noch das **Verfahren** ins Auge, wie es nach dem Entwurf vor der Aufsichtsbehörde stattfinden soll. Der Entwurf bestimmt darüber im § 71 Abs. 1, dass das Privatversicherungsamt in den daselbst genannten Fällen »auf Grund mündlicher Beratung entscheidet«. Im Abs. 3 desselben

Paragraphen heisst es dann weiter: »In den Fällen des Abs. 1 No. 4, 5 (Untersagung des Geschäftsbetriebs; Stellung des Antrags auf Eröffnung des Konkurses) sind die Beteiligten vor der Entscheidung zu hören«. Weiterhin lautet § 72: »Das Privatversicherungsamt kann jeden ihm erforderlich erscheinenden Beweis erheben, insbesondere Zeugen und Sachverständige auch eidlich vernehmen oder vernehmen lassen.« Endlich sagt § 74: »Die Formen des Verfahrens und der Geschäftsgang des Privatversicherungsamts ...... werden, soweit das Gesetz keine Vorschriften darüber enthält, durch Kaiserliche Verordnung unter Zustimmung des Bundesrats geregelt«.[1]) Diese Bestimmungen geben entweder zu viel oder zu wenig: zu wenig, wenn sie auch nur Grundzüge für das Verfahren darstellen sollen, zu viel gegenüber dem § 74. Wenn das Verfahren durch Kaiserliche Verordnung geregelt werden soll, ist es nicht ersichtlich, warum dann ausserdem noch ein paar dürftige Vorschriften getroffen werden. Wir haben bereits betont (cf. oben S. 52), dass man der Aufsichtsbehörde die vom Entwurf zugedachten umfangreichen Machtvollkommenheiten nur dann einräumen kann, wenn die Behörde selbst vertrauenswürdig zusammengesetzt und das Verfahren vor ihr wohl geordnet ist. Nach der letzten Richtung hin ist der Entwurf völlig unzureichend. Bei der Wichtigkeit der Sache genügt es nicht, die Vorschriften des Verfahrens im Wege

---

[1]) Dieser Paragraph scheint dem § 90 des Unfallgesetzes vom 6. Juli 1884 nachgebildet zu sein, dessen letzter Absatz lautet: »Im übrigen werden die Formen des Verfahrens und der Geschäftsgang des Reichsversicherungsamtes durch Kaiserliche Verordnung unter Zustimmung des Bundesrats geregelt«. Genau denselben Wortlaut hat auch der § 133 letzter Abs. des Gesetzes betr. Invaliditäts- und Altersversicherung vom 22. Juni 1889. In Gemässheit dieser Bestimmungen sind dann die Kaiserlichen Verordnungen vom 2. November 1885 (R.-G.-Bl. S. 279) und vom 13. November 1887 (R.-G.-Bl. S. 523), sowie vom 20. Dezember 1890 (R.-G.-Bl. S. 209) ergangen. Diese sehen ein den Interessen des beteiligten Publikums weit günstigeres Verfahren vor, als es der in Frage stehende Entwurf thut. So heisst es in der Verordnung vom 1885 § 13: »Die Entscheidung erfolgt auf Grund mündlicher Verhandlung« (nicht nur Beratung, wie im Entwurf); § 15: »Die mündliche Verhandlung erfolgt in öffentlicher Sitzung«; § 22: »Der Vorsitzende verkündet die ergangene Entscheidung in öffentlicher Sitzung«; § 23: »Das Urteil wird nebst Gründen von dem ersten Berichterstatter entworfen«; .... u. s. w.

von Ausführungsbestimmungen ergehen zu lassen, sie sind wenigstens in ihren Grundlagen im Gesetz selbst zu regeln. Diese Forderung muss um so mehr erhoben werden, als im entgegengesetzten Falle zu erwarten ist, dass die im Verordnungswege zu erlassenden Bestimmungen über das Verfahren in dem Geiste erlassen würden, welchen der Entwurf zum Ausdruck bringt, und der mit den modernen Rechtsanschauungen in Widerspruch steht. Der Entwurf sagt, die Beteiligten sollten in zwei näher bezeichneten Fällen gehört werden. Diese Vorschrift ist eigentlich sonderbar; man muss doch unbedingt verlangen, dass die Beteiligten stets, vor jedweder Entscheidung gehört werden; man kann doch unmöglich, ohne jemandem rechtliches Gehör verstattet zu haben, über seine Angelegenheiten zu Gericht sitzen. So könnte beispielsweise in Gemässheit des § 67 Abs. 3 die Aufsichtsbehörde die Verpflichtungen einer Lebensversicherungsanstalt um 33 $^1/_3$% ermässigen, ohne auch nur den Vertreter der Anstalt zu hören.

Der Entwurf bestimmt dann weiter, das Amt entscheide auf Grund mündlicher *Beratung*. Auch das ist völlig ungenügend. Mindestens in denjenigen Fällen, in welchen ein Beteiligter es verlangt, muss mündliche *Verhandlung* stattfinden. Gerade eine solche — das zeigt sich recht deutlich in unseren Strafprozessen — klärt so manches auf, was im schriftlichen Verfahren dunkel blieb. Es würde sich daher eine Bestimmung empfehlen, analog derjenigen des § 13 der Verordnung vom 5. August 1885 betreffend die Formen des Verfahrens und den Geschäftsgang des Reichsversicherungsamts, wo es nach der Vorschrift, dass die Entscheidung auf Grund mündlicher Verhandlung erfolge, heisst: »Die Beteiligten werden mittels eingeschriebenen Briefes von dem Termine mit dem Bemerken in Kenntnis gesetzt, dass im Falle ihres Ausbleibens nach Lage der Akten werde entschieden werden.« Man muss jedoch noch weiter gehen. Die Verhandlung muss unter Umständen eine öffentliche sein. Nachdem einmal unsere gesamte neuere Gesetzgebung wichtigen Entscheidungen einer Behörde, vor allem solchen richterlicher Natur, durchweg eine öffentliche Verhandlung vorausgehen lässt, nachdem letztere sogar unsere neue Militärstrafprozessordnung, wenigstens im Prinzip, vorschreibt, ist es nicht angängig, dass die Aufsichtsbehörde in Versicherungssachen vor den einschneidendsten Entscheidungen, von denen unter Umständen das gesamte Schicksal einer Gesellschaft abhängt, und an denen oft viele Tausende von Versicherten interessiert sind, hinter verschlossenen Thüren verhandelt. Auch werden die Entscheidungen der Aufsichtsbehörde lange nicht so misstrauisch aufgenommen werden, wenn ihnen nicht ein geheimes schriftliches Verfahren, sondern eine öffentliche Verhandlung vorausgegangen ist. Freilich ist letztere nicht vor allen Entscheidungen, nicht einmal vor allen denjenigen aus § 71 des Entwurfs notwendig, zumal die Versicherungsanstalten zuweilen selbst eine solche nicht wünschen werden, um ihre Geschäftsgeheimnisse nicht preisgeben zu müssen. Wir würden es daher für das Zweckmässigste halten, wenn in allen oder in einzelnen näher zu bezeichnenden Fällen des § 71 des Entwurfs an sich öffentliche Verhandlung stattfinden würde, und wenn diese nur auf Antrag eines Beteiligten unterbleiben würde. Eine solche Bestimmung würde ein Vorbild im § 171 des deutschen Gerichtsverfassungsgesetzes finden, welcher heisst: »In Ehesachen ist die Öffentlichkeit auszuschliessen, wenn eine der Parteien es beantragt.« — Ferner müsste den Beteiligten erlaubt sein, sich eines Rechtsbeistandes bedienen zu können. Sodann müssten die Entscheidungen mit Gründen versehen sein. Es wäre weiter den Mitgliedern der Aufsichtsbehörde, und vor allem aus Konkurrenzrücksichten denjenigen des Versicherungsbeirats, Amtsverschwiegenheit aufzuerlegen. Endlich hätten die Bestimmungen der §§ 41 ff. der Zivilprozessordnung über die Ausschliessung und Ablehnung der Richter entsprechende Anwendung zu finden.

Hinsichtlich des in Aussicht genommenen Verfahrens vor der Aufsichtsbehörde hätten wir mithin am Entwurf folgendes auszusetzen:

1. Das Verfahren ist wenigstens in seinen Grundzügen im Gesetze selbst, nicht im Verordnungswege zu regeln.

2. Vor allen Entscheidungen sind die Beteiligten zu hören, und gewissen wichtigeren Entscheidungen hat eine mündliche, eventuell öffentliche Verhandlung vorauszugehen.

IX. Werfen wir schliesslich einen **Gesamtüberblick über den Entwurf** und erheben wir dabei die Frage: ist derselbe geeignet, als zweckmässige Grundlage für die öffentlich-rechtliche

Regelung des Assekuranzwesens in Deutschland zu dienen? so müssen wir diese Frage bejahen. Der Entwurf ist eine hervorragende Leistung, seine Grundanschauungen entsprechen den Anforderungen, welche man in Deutschland an die zur Erörterung stehende gesetzliche Regelung stellen muss, die Rechtsverhältnisse der Gegenseitigkeitsvereine ordnet er in fast unanfechtbarer Weise, seine Sprache ist im Gegensatze zu derjenigen so mancher unserer neueren Gesetze klar und verständlich. Trotzdem ist der Entwurf von den Versicherungsgesellschaften und vor allem von der Assekuranzpresse, fast durchweg sehr heftig angegriffen und recht abfällig beurteilt worden [1]).

Man wendet sich vielfach gegen das Betriebsüberwachungssystem. Wir möchten meinen: abgesehen davon, dass dieses System sehr wohl berechtigt und auch zur Zeit im grössten Teile von Deutschland in Geltung ist, würde ein Gesetzentwurf, welcher auf einem anderen System aufgebaut wäre, weder die Zustimmung des Bundesrats noch des Reichstags finden. Weiterhin wird dann, und zwar fast übereinstimmend, die Ansicht vertreten, der Entwurf überlasse zu viel dem freien Ermessen der Aufsichtsbehörde und gebe die Versicherungsanstalten daher deren Willkür preis. Wir glauben jedoch, diese Meinung beruht zum grossen Teile auf der Verwechselung von »freiem Ermessen« und von »Willkür«. Je vielgestaltiger die Lebensverhältnisse werden, desto schwieriger ist es, für alle einzelnen Fälle im Gesetz selbst Bestimmungen zu treffen. Das Gesetz muss sich daher häufig mit der Aufstellung allgemeiner Grundsätze begnügen, im übrigen aber mancherlei dem freien Ermessen der staatlichen Organe überlassen. Auch das neue Bürgerliche Gesetzbuch hat vielfach im Gegensatz zu dem früheren Rechte, vor allem zum Preussischen Allgemeinen

[1]) Die Allgemeine Versicherungspresse meint nichts Geringeres, als dass die Vorlegung des Entwurfs an den Bundesrat den Sturz des Preussischen Staatsministeriums und des Reichskanzlers zur Folge haben könnte. Sie schreibt (24. Jahrg. No. 2 vom 15. Januar 1899): »Und wenn die zur Zeit bestehende Preussische Regierung einen schweren, sehr schweren Fehler mit einer solchen Vorlage begehen würde, so hätte sie es nur sich selbst zuzuschreiben, wenn sie denselben mit ihrem Sturz büsste! Vielleicht kommt der Herr Fürst zu Hohenlohe als Preussischer Ministerpräsident zu der Überzeugung, dass er einen schweren Fehler begehen und damit seine Stellung als Reichskanzler gefährden würde, wenn er diesen Entwurf überhaupt dem Bundesrat vorlegt!«

Landrechte, dem richterlichen Ermessen einen weiten Spielraum gelassen, und wie gross ist derselbe im Strafrecht! Niemand wird aber doch deshalb behaupten wollen, das deutsche Volk sei der Willkür seiner Richter ausgesetzt. In gleicher Weise wird auch das Assekuranzwesen dadurch nicht der Willkür der Aufsichtsbehörde preisgegeben, dass mancherlei in deren freies Ermessen gestellt wird. Freilich hat der Entwurf Mängel. Man muss aber immer erwägen, dass diese teilweise auf politische Verhältnisse zurückzuführen sind, mit denen man nun einmal in Deutschland rechnen muss, und welche auf das Nebeneinanderbestehen von Reichs- und Landesrecht, von Reichs- und Landeshoheit zurückzuführen sind. Die Hauptsache ist nach unserem Dafürhalten, dass erstens eine erschöpfende und eingehende Prüfung vor der Konzessionierung und eine Betriebsüberwachung nicht bei allen, sondern nur bei den wichtigsten Versicherungszweigen, etwa bei der Lebens-, Unfall-, Feuer-, Hagel- und Viehversicherung stattfindet, dass zweitens gegen die wichtigsten Entscheidungen der Aufsichtsbehörde das Rechtsmittel der Berufung gegeben, und dass drittens das Verfahren vor der Aufsichtsbehörde in einer Weise gesetzlich festgelegt wird, welche den modernen Rechtsanschauungen entspricht. Gelingt dies, so kann man dem Entwurf unbedenklich zustimmen, selbst wenn die eine oder andere der zahlreichen Aussetzungen unbeachtet bleibt, welche wir im Laufe unserer Erörterungen gemacht haben.

Wird der Entwurf Gesetz, so bedeutet dies, zumal für die grossen Assekuranzanstalten, einen erheblichen Fortschritt gegen die jetzigen Verhältnisse. Haben sie einmal die Konzession durch das Reich erhalten, so gewinnen sie damit zugleich ein einheitliches Recht und brauchen sich nicht mehr an die Gesetzgebung von mehr als zwanzig Bundesstaaten zu kehren. Und während es bisher in zahlreichen Gebieten Deutschlands hinsichtlich der Zulassung bezw. Nichtzulassung zum Geschäftsbetriebe, sowie rücksichtlich der Wiederentziehung der Konzession keine festen gesetzlichen Normen, sondern nur Verwaltungsgrundsätze giebt, so ist nach dem Entwurf das Konzessionssystem doch mit gewissen gesetzlichen Schranken umgeben und kann die erteilte Genehmigung nur unter bestimmten Voraussetzungen wieder entzogen werden.

FSC
www.fsc.org
MIX
Papier | Fördert
gute Waldnutzung
FSC® C083411

Kolibri 360 GmbH
Ferdinand-Jühlke-Straße 7
99095 Erfurt, Deutschland
produktsicherheit@kolibri360.de